探寻新时代社会公共福利
支撑点

北京互生经济学研究院课题研究办公室 编

中国商业出版社

图书在版编目（CIP）数据

探寻新时代社会公共福利支掌点/北京互生经济学研究院课题研究办公室编.—北京：中国商业出版社，2019.5

ISBN 978-7-5208-0756-2

Ⅰ.①探… Ⅱ.①北… Ⅲ.①社会福利—研究—中国 Ⅳ.① D632.1

中国版本图书馆 CIP 数据核字（2019）第 083673 号

责任编辑：孔祥莉

中国商业出版社出版发行
010-63180647 www.c-cbook.com
（100053 北京广安门内报国寺 1 号）
新华书店经销
北京京东印刷厂印刷

*

710 毫米 ×1000 毫米　16 开　14 印张　246 千字
2019 年 5 月第 1 版　2019 年 5 月第 1 次印刷
定价：68.00 元

****

（如有印装质量问题可更换）

北京互生经济学研究院课题研究办公室
探寻新时代社会公共福利
课题编委会

主　任　何开秀

副主任　张　忱

统　筹　张　忱

委　员（按姓氏笔画为序）

　　　　肖　萍　张周兵　吴宏骏　吴家驹　黄　辉

作者介绍

本书编委会主任何开秀教授是互生经济理论创始人、《互生经济学》著作人、中国杰出女企业家、北京互生经济学研究院院长、中国经济十大新闻人物，曾荣获《互生经济学》理论研究成果特别贡献奖。近两年，她领导北京互生经济学研究院课题研究办公室出版发行了《县域经济可持续发展十二解》《社区物业管理升级与服务业个性融合发展新路径》两本著作。她与参加本书编写的北京互生经济学研究院课题研究办公室社会公共福利课题组成员，对建立新时代社会公共福利体系相关解决方案和模式应用问题，从2015年就开始深入市场进行有针对性的探究，并于2018年成立课题编委会，对阶段性的研究成果进行了系统性梳理总结形成该书。

课题编委会成员根据所学专长，各负专项领域研究之责。

前 言
Preface

　　《中华人民共和国国民经济和社会发展第十三个五年规划纲要》指出，提高社会福利是构建和谐社会的必由之路，中国现阶段既有必要又有可能。十九大报告指出"完善社会救助、社会福利、慈善事业、优抚安置等制度，健全农村留守儿童和妇女、老年人关爱服务体系"，同时对社会福利工作提出了新要求，一是要求养老服务质量更高，二是要求社会福利制度更健全，三是要求养老政策体系更完善，四是要求慈善事业更精准，要求进一步破除影响和制约社会福利事业发展的体制机制弊端，构建系统完备、科学规范、运行有效的制度体系，激发社会福利事业发展的活力和动力。

　　公共福利的内容十分广泛，涉及人民生活的诸多方面。我国的社会福利保障包括社会保险、社会救助、社会福利、社会优扶等内容，公共福利是社会福利的重要项目，是国家和社会为满足全体社会成员的物质及精神生活基本需要而兴办的公益性设施和提供的相关服务，主要是由政府来执行的。我们探寻新的社会公共福利支撑点，是希望能够助力国家构建一个全民共享的，能够适应新时代发展的，能够对国家社会福利体系起到补充作用的强有

探寻新时代社会公共福利**支撑点**

力的新的福利保障体系。

由于我国人口众多,要全面满足人民后顾无忧的福利保障还需要大家齐心协力,共同奋斗。特别是处在科技高速发展和国家经济转型升级的新时代,怎样处理好科技进步与劳动就业的关系,怎样把科技红利惠泽于民,怎样提升人民的收益来源,怎样才能提高人民的社会福利保障,实现人民长期无后顾之忧的生活,这就需要建立良好的经济发展环境,突破传统的经济发展模式,多路径、多支点支撑起社会公共福利服务。为此,《互生经济学》已经给出了一套完整的解决方案的理论,根据解决方案的理论指导搭建了互生系统的技术支持平台,通过系统技术的强大功能推出了行业服务业务平台,再通过行业服务平台的应用来扶持企业健康发展,从而实现个人利益、公众利益、企业利益、国家利益的全面互利。

社会福利包括基本生存福利、养老福利、医疗福利、教育福利、住房福利……在这本《探寻新时代社会公共福利支撑点》里,是要着力解决一些突出的问题:

1. 怎样通过服务业的健康发展,解决社区居民的创业就业问题,增加收益。

2. 怎样通过农业品牌服务体系的销售渠道,支持农产品销售,增加农民收益。

3. 怎样通过厂家直供的销售渠道,为品牌企业的健康发展溯源,杜绝假冒伪劣产品。

4. 怎样通过消费福利体系建设来培养市场购买力,实现企业健康良性

Preface
前言

发展。

5. 怎样通过消费福利体系来实现永久脱贫的兜底保障。

6. 怎样通过消费福利保障来实现免费医疗补贴计划的过渡。

7. 怎样通过消费福利保障来实现人人持股计划，解决普通消费者的年年收益问题。

8. 怎样建立民企政的互利机制，实现地方财政的可持续的稳定收益。

9. 怎样实现地方政府的地区贫富差异的平衡互助管理。

10. 怎样协助地方政府建立区县公益服务站，服务当地百姓。

11. 怎样实现公益服务的长期资金支持，做到人人有饭吃、人人看得起病、人人有公益、人人有生存的尊严。

本书围绕六个方面进行了系统阐述。

一、创新社会公共福利支撑点：高科技时代支撑经济良性发展的核心是平衡买卖关系、科技发展的目的是为人民谋福利、新时代的社会文明与社会福利体系建设。

二、消费福利与兜底扶贫：实施消费福利模式的时代意义、建立消费福利保障后的经济发展轨迹、消费福利保障体系的建设。

三、和睦社区建设：发展社区服务业的时代价值、社区服务是创业就业的大市场、挖掘社区服务需求创新服务业务。

四、农创一乡一品：农村农业发展的品牌趋势、产业发展从抱团开始、扶贫必须建立长效的产业支撑。

五、正道品牌溯源：品牌是市场诚信的基础、品牌是企业健康发展的唯

探寻新时代社会公共福利**支撑点**

一出路、溯源为品牌企业保驾护航。

六、民企政区县公益服务：建立区县公益服务体系、区县公益服务的内涵、区县公益服务大厅支撑。

互生系统平台自2014年运营以来，连续第五年实现了消费积分福利的年年分红计划，实现终身免费医疗补贴计划和意外医疗保障计划的消费者逐年激增，通过"多对一"的爱心帮扶计划，多名低保用户实现了脱贫，养老不愁，看病无忧。互生系统延伸的业务系统如企业自营、抵扣专区、品牌渠道、社区服务、一乡一品等，已经在企业转型、消费福利保障、智慧医疗、农业品牌发展、产品溯源、社区建设、精准扶贫、民企政利益共同体打造等领域全面实施运用并发挥了显著功用。相关解决办法的市场应用成果在北京互生经济学研究院课题研究办公室已经出版的《县域经济可持续发展十二解》《社区物业管理升级与服务业个性融合发展新路径》书中都有介绍。

何开秀

2019年3月8日

目 录
Contents

前言 ·· 001

第一章　创新社会公共福利支撑点 ·· 003
一、高科技时代支撑经济良性发展的核心是平衡买卖关系 ······················· 004
　　1. 实现买卖平衡的支撑是增加消费者收益 ··································· 005
　　2. 通过消费福利模式来增加消费者收益 ······································ 008
　　3. 消费福利模式是企业持续发展的支撑 ······································ 011
二、科技发展的目的是为人民谋福利 ··· 013
　　1. 科技解放生产力的目的 ··· 014
　　2. 科技发展的终极使命 ··· 017
　　3. 科技红利必须惠泽于民 ··· 021
三、新时代的社会文明与社会福利体系建设 ··· 024
　　1. 新时代的社会文明 ·· 025
　　2. 新时代的社会福利 ·· 028
　　3. 社会福利的支撑 ·· 032

第二章　消费福利与兜底扶贫 ·· 038
一、实施消费福利模式的时代意义 ·· 039
　　1. 实施消费福利模式的时代意义 ··· 039

2. 实现消费福利保障后的企业发展 ·············· 043
　　3. 消费福利与兜底扶贫的实施 ················ 046
二、建立消费福利保障后的经济发展轨迹 ·············· 049
　　1. 恶性竞争的商业行为寸步难行 ················ 050
　　2. 为消费者创造持续福利是新商业法则 ············ 053
　　3. 提升产品附加值才是出路 ·················· 056
三、消费福利保障体系的建设 ···················· 059
　　1. 初级阶段——福利来源于消费积分 ············· 059
　　2. 中级阶段——积分应用形成福利保障 ············ 062
　　3. 高级阶段——代代相保 ··················· 069

第三章　和睦社区建设 ·············· 076

一、发展社区服务业的时代价值 ··················· 077
　　1. 科技与服务业的融合 ···················· 078
　　2. 创业就业观念的突破 ···················· 080
　　3. 提升生活品质必须强化服务业 ················ 084
二、社区服务是创业就业的大市场 ·················· 087
　　1. 以人为本发展服务业 ···················· 088
　　2. 社区生活服务业的春天 ··················· 090
　　3. 社区养老服务的空间 ···················· 093
三、挖掘社区服务需求创新服务业务 ················· 096
　　1. 挖掘社区服务需求 ····················· 097
　　2. 探索社区服务管理 ····················· 100
　　3. 满足社区和谐需要 ····················· 103

Contents
目 录

第四章　农创"一乡一品" ··· 113

一、农村农业发展的品牌趋势 ··································· 114
1. 挖掘地方产品 ··· 114
2. 讲出地方故事 ··· 117
3. 塑造地方品牌 ··· 120

二、产业发展从抱团开始 ·· 124
1. 五指拳头 ··· 124
2. 抱团发展　取长补短 ······································· 128
3. 携强扶弱　彰显大爱 ······································· 131

三、扶贫必须建立长效的产业支撑 ······························· 135
1. 扶志、扶智、扶质 ··· 136
2. 扶难、扶病、扶弱 ··· 139
3. 公平、公正、公开 ··· 143

第五章　正道品牌溯源 ··· 149

一、品牌是市场诚信的基础 ······································ 150
1. 信誉永远是王道 ··· 150
2. 品牌是信誉的名片 ··· 152
3. 得一时与德一世 ··· 154

二、品牌是企业健康发展的唯一出路 ····························· 155
1. 品牌是产品的身份证 ······································· 156
2. 品牌增加产品附加值 ······································· 157
3. 品牌是产品的信誉保证 ····································· 159

三、溯源为品牌企业保驾护航 ··································· 161
1. 溯源品牌身份 ··· 161

003

  2. 保护品牌名声 ………………………………………… 163

  3. 维护品牌渠道 ………………………………………… 165

第六章　民企政区县公益服务 ……………………………… 168

一、建立区县公益服务体系 ……………………………… 173

  1. 建立区县公益服务体系的目的 ……………………… 173

  2. 区县公益服务体系的职责 …………………………… 175

  3. 区县公益服务的组织管理 …………………………… 177

二、区县公益服务的内涵 ………………………………… 178

  1. 区县公益服务的内涵 ………………………………… 179

  2. 区县公益服务的业务 ………………………………… 180

  3. 区县公益服务人员 …………………………………… 182

三、区县公益服务大厅支撑 ……………………………… 183

  1. 区县公益服务的经济支撑 …………………………… 184

  2. 区县公益服务的业务支撑 …………………………… 185

  3. 区县公益服务的社会支撑 …………………………… 186

附录　媒体报道

1. 《中国改革报》：农创品牌成为乡村振兴新抓手 ………… 188

  ——记开拓奋进中的农创品牌运营股份有限公司

2. 《中国改革报》：为和睦社区建设提供新范本 …………… 199

  ——和睦社区网络科技股份有限公司纪实

后　记 ………………………………………………………… 208

何开秀点题

创新社会公共福利支撑点

为什么要创新社会公共福利支撑点?

随着新时代科技的高速发展释放了大量的劳动生产力,原来依靠劳动收益的人因为就业困难而失去了收益的来源,因此,原来的分配模式已经无法满足失业者的基本生存需要,人们的收益来源路径已经无法支撑起自身基本生存需求,大量的消费资金都通过银行储蓄、股市买卖、融资平台等,倒流向投资领域,加大了投资比重,而消费端持续疲软无力。企业经营成本也随着科技成本和人力成本的增加而加高,但消费端却因为恶性竞争的环境,把不少品牌企业的盈利空间都逼到了不得不生产特价产品的境地。这样的问题不仅仅是小企业遇到，大型企业也一样难免，而且是全球都在面临的。所以，探索新的利益分配模式，减轻国家负担，降低企业成本，增加人民收益来源，已经是全世界经济发展所要共同研讨的核心问题。

要实现经济良性发展，就要尽可能地实现买卖平衡。要买卖平衡就要考虑消费者的收益来源和解决消费者的后顾之忧。我们通过消费者消费福利体系的建设来培养市场购买力，实现企业健康良性的发展，但怎样实现消费者福利，是企业应该思考的。

科技自动化的高速发展把人们从繁重的体力劳动中解放了出来，同时也释放出大量的过剩劳动力，新的科技岗位所需人才，需要经过专业的培训和长期的教育。在这个新旧更迭的时代，怎样才能平稳过渡？只有树立科技发展是为人民谋福利的普惠思想，实现科技红利惠泽于民，才能最终实现买卖平衡，经济才能良性发展，达到皆大欢喜。

总之，我们通过消费福利模式来建立消费福利保障体系，从而实现人人持股计划，增加消费者长期持续的收益，以此解决后顾之忧；通过机制扶持来实现永久脱贫的兜底保障；通过医疗补贴计划来实现免费医疗的过渡，为国家的社会福利保障制度再添一个支撑点。

第一章

创新社会公共福利支撑点

《中华人民共和国国民经济和社会发展第十三个五年规划纲要》指出，提高社会福利是构建和谐社会的必由之路，人类社会发展的总趋势，是在科技进步与劳动率提高的有力推动下，逐步提升社会福利。今后30~40年，科技进步将明显加速，可为提高社会福利提供更好的客观条件。从社会稳定角度看，又有通过提高福利缩小贫富差距的社会需求。社会公共福利是国家为了满足人民基本的物质以及精神需求而兴办的公益性设施和提供的相关服务。中国人口众多，国家在建设社会公共福利时所需开支巨大，所以有必要探寻社会公共福利新的支撑点，对现有的社会公共福利体系起到补充作用。《互生经济学》对开辟新的福利来源渠道、探寻社会公共福利新的支撑点给出了系统的理论支持，并通过国家分享经济实施平台——互生消费大数据平台的技术支持，再经过反复实践和完善，完成了创新社会公共福利支撑点的系列化解决方案。

一、高科技时代支撑经济良性发展的核心是平衡买卖关系

社会公共福利与科技与经济发展息息相关。长期以来，人类一直在伴随科技进步朝着经济丰裕型社会奔进，国家为了GDP的高速增长而竭尽全力，个人为了自己和家庭的富裕亦是不遗余力，然而与高科技一起不请而至的社会问题，如失业问题、产能过剩问题、食品安全问题、贫富悬殊问题、严重的生态问题和生存环境的危机等，使人们不得不重视和思考经济良性发展需要解决的问题。拉动经济的三驾马车是投资、消费、出口，在不同的时代这三驾马车要围绕适合经济发展的侧重方向来拉动经济。中国经济现在遇到的最大瓶颈是消费疲软，要想激发市场消费能力，就要满足消费者有收益来源和无后顾之忧，同时还必须合理规划消费方向，合理平衡各行业分摊获得的消费流量，才能促进经济的正常循环。《互生经济学》提出只有实现买卖关系的平衡，解决消费者的后顾之忧，让消费者有钱消费、敢消费、

第一章 创新社会公共福利支撑点

愿消费才是经济良性发展的关键。

1. 实现买卖平衡的支撑是增加消费者收益

供给与需求的平衡。经济发展一直以来都是以买与卖来体现其结果的，供给大了、需求不足会导致经济萧条，货币流量大了、物资少了、供给不足会导致通货膨胀，怎样才能平衡买卖关系，也就是供需关系怎样管理问题一直在两条路上争来争去。其实都没有错。只是各自的路径不同而已，因为每个国家的国情不一样，所以采用的路径也各不相同，只有适合本国国情的方式才是好方式。也就是只要能够平衡买卖关系，为人民造福就是好的路径。随着科技自动化的快速发展与金融业的衍生品业务的开放，市场情况发生了巨大的变化，如今的科技生产力已经完全突破了生产瓶颈，需求侧主要来自个人消费方面，若遇到了疲软，如何才能拉动内需，如果还是继续按照原来的分配模式发展经济，可能消费者会把消费资金省吃俭用，去投资金融衍生品赚钱，如果实体企业的产品销售困难，他们也会收拾收拾把企业生产设备都处理掉去收回资金，去投资金融衍生品赚钱。如果是这样，就真的非常不好了。互生经济理论提出了三次分配的解决方案，其中包括按劳所得的第一次分配，以及在不改变原有市场规则的前提下，运用消费福利模式为消费者提供第二次分配（消费获得积分）和

探寻新时代社会公共福利**支撑点**

第三次分配（积分福利分红）的解决方案。大家知道，供给侧与需求侧是相互依存的关系，一旦供给或需求有一侧产生变化，都会引起另一侧的联动性变化，所以这种变化是可良性或可恶性的。良性是指供给与需求相对平衡，形成经济循环上升的趋势，恶性是指由于某一侧或整体市场失衡，造成供给与需求相互减少，经济不断萎缩的恶性循环。互生经济的解决原理是通过消费福利分配，建立定向消费保护，通过定向消费保护来调节供给与需求的平衡，使得供给与需求呈现相互追赶的上升趋势，突破买卖不相融，实现互生互利的机制，这种全新的机制将通过消费建立供给与需求更加紧密依存、反馈灵敏的桥梁纽带，成为调节供需平衡的新抓手。

建立买卖互利关系。在传统的商业买卖中，买卖公道公平、双方互利互惠的伦理沿袭了上千年，没有发生过多大变化。但在今天，由于科技自动化让产品生产更加快捷标准且便宜，加上互联网销售的普及应用，已经把传统的批发零售格局全部打乱。过去区域的地方商品保护价格透明了，人们开始全网搜索最便宜的价格，不是货比三家，而是价比多家，商家的竞争从周边辐射到全国。产品的定价已经不是按照生产成本来计算，而是市场需求倒过来按价格生产，企业都在生产廉价便宜的网络产品、地摊产品、A货，这就很难保证生产出质量

第一章　创新社会公共福利支撑点

好的产品。对此如果站在企业的角度换位思考一下也能理解，当然，作为消费者最后一定是便宜买劣货。为了追求买卖互利，很多商家都打出各种"消费资本论"的概念，都声称消费就能够赚钱，在没有完整的解决方案出台之前，出现的直销、传销、全返销售等开始充斥市场，过程中好好坏坏、真真假假、是是非非，众说纷纭，莫衷一是。到底怎样才能建立买卖互利的关系？《互生经济学》指出，建立买卖互利关系需要在原有市场规则不变的条件下，通过互联网平台的技术服务，在为企业提供增值服务的同时，把平台的技术增值服务收益纳入系统，进行社会化的格式分配，再把分配给消费者的福利与消费积分进行对接计算。通过积分的延伸应用来建立消费福利保障体系，实现消费者的第二次、第三次分配，消费者实现消费福利保障以及年年收益，解决消费者后顾之忧，实现消费者敢消费、想消费、还有钱消费，从而拉动内需，增加市场购买力，使企业生意好做。在此过程中没有增加企业负担，消费者也没有多花一分钱。

满足消费福利需求。消费即把产品卖出去，是企业实现经济效益的最后一步。如果没有消费，企业生产的产品不但没有效益反而还会亏本。但消费者是通过劳动创造收益，再把收益换来产品，这就是经济发展的轨迹，循环复始，一直到今天。可是今天的科技自动化、智能化释放了大量的劳动生产力，被释放出来的劳动生产力失去赚钱的方式，没有了收益来源，只有想办法省吃俭用，把本来的消费资金拿去投资股票、期货、金融衍生产品，希望通过这些投资来赚钱。在生活上节省开支，减少消费，购买便宜商品，市场完全失去了消费的动力，这样的市场状态企业又怎么能赚到钱。企业为了生存，拼命促销并大打价格竞争战，但消费者就是不消费，这就进入了恶性竞争的怪圈。《互生经济学》给出的解决方案是通过消费积分福利模式来增加消费者的收益来源，让消费者通过消费积分就能够实现消费福利，而且是越消费越有钱；通过消费福利建立消费者持续收益的保障并解决后顾之忧。消费者通过消费就能够实现持续收益保障，而且越消费，积分越多福利越多，此时消费者的消费行为已经完全不是简单的生存消费了，而是要追求品质、品牌，把生存消费变成了为福利而消费、为品质而消费、为解决后顾之忧而消费、为幸福而消费，这样的消费心态才是消费动力，才能推动经济的向前发展。

2. 通过消费福利模式来增加消费者收益

省钱不等于赚钱。钱是需要流通才能够产生收益的，中国有句古话，省钱永远发不了财，只有赚钱才能发财。有人会说提倡消费是浪费资源，其实看消费什么，人的生存需求就是一日三餐，更多的消费

第一章　创新社会公共福利支撑点

是提升生活品质的消费，而这些服务类消费项目并不都需要消耗自然资源，可能只是人与人之间的服务，所以我们要大力地发展服务业，挖掘服务需求，提高人与人的服务意识。我们的产品不仅仅是生产线上下来的产品，还应该有提升生活品质的服务类产品，如交流、学习、旅游、基础功能培训、文化传承、非遗传承等。凡是能够提高生活品质的项目我们都可以开发出来满足大家的需求，另外还要不断地发现新需求，挖掘高品质生活的要素，精心打造服务产品，让消费产品丰富起来，让消费积分滚动起来，让钱流通起来。千万不要做一个守财奴，人在一边受穷，钱在一边睡觉。当然要让消费者敢消费，后续消费福利保障是后盾。

越积越富的道理。这里讲的越积越富可不是要大家去储蓄的意思。储蓄是越储越穷，钱是越储蓄越不值钱，不用多讲大家一定深有体会。这里讲的越积越富是指消费积分，越积越富。《互生经济学》给出的解决方案是，消费积分终身有效，积分福利保本年年分红，死后无条件沉淀。意思是消费者的积分一旦累计到积分福利池里，终身累积，每年根据积分福利收益年年月月分红，到老为止。很多人不理解"怎么可能实现保本分红，投资都是有风险的，为什么这里就没有风险了"。其实，消费福利能够实现越积越富的原因是来源于"一滴

探寻新时代社会公共福利支撑点

水只有留在大海里才不会干枯"的道理。也就是通过消费积分的汇集来建立一个全社会的消费福利保障体系，大家把积分都汇集在福利池里，通过平台运营机制，建立积分投资的专项管理机构，采用大数据提供有效数据，选择实体企业进行分散投资，每年收益导入平均分配，结合死亡沉淀制度，保本分红就一定能够实现，而且越往后保障池里的积累越多，消费者的保障就越好，这就是越积越富的道理。就好比把积分看成是一个鸡蛋，鸡蛋可以做菜吃掉，也可以孵化成鸡，让它长大继续下蛋，这样就有吃不完的鸡蛋。通过这两个道理就可以实现越积越富了。

打折省钱与积分赚钱。打折省钱是一种常见的促销手段，这种模式对企业的伤害最大，如果一味采用价格竞争，企业生产过程中总是在研究怎样降低成本、压缩费用、减少人工，怎样在垄断竞争、作死对手等的不良环境中生存，那么，企业很难在品质上下功夫，偷工减料、缺斤少两、以次充好等问题也就随之而来。企业在这样的生产环境中是无法生产出优质产品的。价格竞争影响的不仅仅是企业自己，国家利税也受影响，消费者更是受害者，便宜买不到优质商品不说，企业效益不好，员工待遇也不会好，一损俱损。员工没有好待遇，就业出现危机，没有就业就没有收益，市场购买力疲软，企业生意更难

第一章 创新社会公共福利支撑点

做，整个经济就陷入恶性循环。所以，企业必须始终坚持品质第一，守住品质的底线，这才是企业的唯一出路。也正因为品质底线，才有大量的消费者选择消费品牌产品。怎样才能突破打折省钱模式，建立规范的市场销售秩序，维护商品的打折范畴，保护企业的合理利润。《互生经济学》给出了消费福利模式的解决方案，企业通过应用互生系统平台提供的技术支持，采用消费积分福利模式的促销，在规定的促销范围内进行合理的积分应用，既保护了企业商品的合理利润，又为消费者实现了消费积分赚钱，积分福利月月有，解决了消费者的后顾之忧，培育了市场购买力，企业生意好做，经济进入良性健康的运营轨道。消费者好、企业好、国家也好，大家都好。

3.消费福利模式是企业持续发展的支撑

伐木与种树的道理。企业赚钱总是离不开消费者消费，怎样才能赚取更多的钱，就需要培育市场购买力，这就需要福利消费者了。很多企业都不理解这个道理，只知道养员工，给国家纳税，没有听说还要养消费者的道理，凭什么？这是因为，员工的工作机会被科技自动化、智能化替代了，大量的员工失去了就业机会。如果企业不去为消费者思考，消费者没有工作，没有收益来源，又怎么能够消费呢。而企业赚钱往往总是把眼睛盯着有钱人，因为只有在有钱人身上才能赚

探寻新时代社会公共福利**支撑点**

到钱，穷人身上挣不到钱，而有钱人总是少数，所以企业赚钱就难。企业要考虑能不能把消费者都养成有福利的人，这样赚钱就容易了。就好比农民种田丰收都不忘记留下一把种子，为来年播种提供机会。同样，企业赚了消费者的钱，能不能给消费者留下一颗积分的福利种子，在福利消费者的同时，为自己后面的生意兴隆培育潜在的市场购买力。这就好比伐木工人每天伐木，如果不继续种树，伐木工人能够伐多久，不种树伐木工人很快就失业了。为什么国家规定每年都要空留出休渔期，不准下海打鱼。休渔期就是给鱼留出繁殖后代的时间，也叫养鱼，不养鱼渔民就打不到鱼。同样，企业赚钱离不开消费者，养育消费者就是为企业培育市场购买力。而消费福利模式就是在消费者消费时企业通过积分来回馈消费者的福利种子，积分的应用就是在给消费者创造更大的福利，从而培育市场的购买力，虽然一个积分不多，但积分福利的附加值是一个企业自己永远无法实现的价值，利用这个附加值为消费者创造永久福利而增加市场购买力，企业生意才好做，没有消费者永久的福利，就没有企业永久的生意。消费者钱包里没有钱，企业就挣不到钱，所以，为消费者创造价值，创造福利才是企业持续发展的支撑。

不怕百姓富就怕百姓穷。我们经常听到这样的声音，人富了就怕

第一章 创新社会公共福利支撑点

吃喝嫖赌、专横跋扈、骄奢淫逸，人穷了就怕坑蒙拐骗偷，好像贫富都会有问题发生。之所以会有这些担心，是因为社会上确实存在这样的问题。怎样才能更好地解决这些问题，除了加强教育以外，还应该要有一种细水长流的福利机制，通过这种福利机制来建立百姓的基本保障和解决后顾之忧。也有人担心这样的福利制度会养懒人，所以，建立公益义工组织，让部分享受福利的特定人群，比如身强力壮的年轻人积极参与健康、绿色、正能量的公益活动，从而促进社会健康风气的形成和发展。否则，老百姓如果贫穷，整个市场氛围就会受到消极影响，企业生产的产品再物美价廉也可能无人问津。所以，改善市场格局、激发经济活力最直接有效的办法就是通过消费福利模式向消费端注入福利，让老百姓在有钱消费的同时还具备了福利保障，既能拉动消费也能带动产业。从这个意义上说，消费是市场瓶颈的"牛鼻子"，必须解决老百姓的消费问题，才能解决产能失衡的问题，消费环节的问题解决了，其他的市场瓶颈自然会迎刃而解。

二、科技发展的目的是为人民谋福利

科学技术的发展推动着人类社会的前进和变革，人类以好奇心为起点开始的科学技术活动最终变成了有目的的探索。科技的进步是围绕人类发展的需求而确定方向的，造福人类是科技发展的终极目标，

探寻新时代社会公共福利**支撑点**

所以，科技的发展方向必须围绕人类社会的互利共生、生态和谐来制定，建立起全球和谐的生态环境，为人民谋福利。互生消费大数据平台通过互联网技术对搭建创新型社会公共福利体系起到的技术支持作用，完全符合科技运用发展为人民谋福利的根本目的，消费福利模式可将全球市场资源进行数字化整合，把自动化代替劳动力而产生的空前庞大的科技红利通过公平、公开、公正的方式惠及于民，对全球人类的福利保障建设事业和经济良性循环稳定作用具有重要的意义。

1. 科技解放生产力的目的

科技是最先进的生产力。科学技术是先进生产力的集中体现和主要标志。在古代，生产的发展和经济的增长，主要依靠人们体力劳动；在近代，劳动生产率的提高和经济的增长，主要因素是资金、劳动力和资源的投入；而当代，科学技术因素在发达国家的经济增长中所占比重超过一半。新的科学技术广泛而深刻地改变着劳动的条件、性质和内容，改变着生产力的结构，促使劳动生产率提高，进而带来了新的经济繁荣和社会的全面进步。科技尤其是高科技的作用，从经济发展角度来讲是生产力，从军事角度来讲是威慑力，从政治角度来讲是影响力，从社会发展角度来讲是推动力。社会发展的各阶段有着不同的特点，科技对应不同的特点来提高各领域生产力，以满足人们

第一章　创新社会公共福利支撑点

的需求。过去物资匮乏、生产力低下，所以科技的主要促进领域是提高生产效率和质量。当科技自动化代替了人的工作、解放了人的双手后，科技的发力点就应该是让人们享受自动化产生的大量科技红利，此时的科技不仅仅是提高生产力的推手，更是作为最先进的生产力的直接体现。互生经济体系中的消费生产力就是在产能过剩背景下产生的新型生产力，是运用互联网将市场资源整合形成消费资本，再将消费行为与消费福利挂钩形成消费生产力，把巨大的科技红利按消费生产力的计量标准来格式化分配给每次消费后的消费者。消费生产力就是科技作为最先进的创新生产力的体现，将为彻底解放劳动力奠定基础，从而推进社会迈向新的时代。

新时代的科技文明。文明是使人类脱离野蛮状态的所有社会行为和自然行为构成的集合，科技文明就是运用科技帮助社会发展的行为体现。过去人们是依靠农耕和手工业来推动生产，直到18世纪60年代第一次工业革命通过蒸汽机的运用，大大解放了生产力，随后科技每次质的突破都意味着一个新的时代来临，人类以加速度的形式展开了社会方方面面的飞跃。互联网的到来让全球很快步入了一体化时代，而此时很多领域研究中的科技已经远远超过了实际运用到生活中的技术。人民的福利与科技进步出现了严重的脱钩，不但没有让科技红利

探寻新时代社会公共福利**支撑点**

尽可能地服务到人民，甚至出现科技自动化取代人工劳动力的现象。社会发展需要大量的资源，过去人们为了自己"圈子"的需求会对别的"圈子"进行抢占和掠夺，"圈子"有大有小，可以是一个利益集团，也可以是一个国家。但当今社会全球一体化已经是大势所趋，全球就是一个"圈子"，人类是地球的一部分，属于"地球"这个命运共同体，还能掠夺谁呢？科技本身的存在意义就是帮助人们发展，新时代的主旋律是和平，我们应该将科技运用到促进、维护世界和平的方向，其中最重要的就是用于造福老百姓的生活。正如社会发展中供需平衡的规律，科技在大大提高生产力后也需要建立转向促进民生保障的事业上。在《互生经济学》指导下搭建的互生消费大数据平台，是科技促进社会和谐发展的重要体现，是在产能过剩的前提下出现的，符合根据各个阶段人民需求来调整科技的运用方向的规律，体现了科技适应人类发展、表达美好愿景、展现人性光芒的文明属性。

新时代的科技目的。科技的发展伴随着生产力的进步，从原始社会拿起"木棍"作为工具，到当今全球一体化的互联网，人们对更加便捷、美好生活的追求往往是从一个新科技的发现开始的，人们不仅要用科技来提产提效，也要用科技将其自身产生红利惠泽于民。也就是说，科技发展的成果最终将会为人类利用并且造福人类。互生消费

第一章　创新社会公共福利支撑点

大数据平台正是在《互生经济学》理论的指导下，基于互联网大数据技术打造的惠民平台，目的就是让老百姓享受科技红利，过上美好生活。新时代初期的一大特征就是产能过剩，社会建设的主旋律必定会逐渐淡化粗犷型的建设，在将资源转向提高人民生活质量的同时，运用科技建立更高级的社会文明是新时代的必然结果。科技本身没有对错，社会褒贬的只是其使用的方向和赋予的价值。新时代人们更渴望社会和谐稳定，而科技就会被用于执行和表达人们对美好生活向往的意志，将本无情感的科学技术按照人性化的需求进行展现。互生消费大数据平台顺应社会趋势和需求而推动的消费福利保障模式，在社会公共福利保障领域为老百姓、企业和社会搭建了互利互惠的桥梁，以日常消费行为为媒介、互联网大数据科技为支撑，用最习以为常的方式将消费福利保障模式进行普及运用，目的就是借助科技的力量快速地把"和谐""生态""互利""公正""自强"等正能量意识扩散到社会每一个角落，并让社会形成消费福利自主保障，实现科技为人民创福祉的目的。

2.科技发展的终极使命

科技发展的初级目的。科技发展的历程就是人类探索、改善自身生存环境的过程，科技发展的方向就是为人民谋福利，在社会的每

探寻新时代社会公共福利**支撑点**

个阶段有着不同的侧重点，科技发展是一张有方向、有规划、有实施步骤的蓝图。在初级阶段发展科技的目的只是单纯地运用工具提高生产效率，改善生活条件，这个过程中，提高生产效率只是时代跃迁的基础条件，对社会进步真正起作用的是工具为人们创造了"思考"的时间，并找到了将自然界其他形式的能量转化为人们所需能量的方法，进一步提高生产力，比如水车、蒸汽机就是人们运用科技整合转化自然力量来促进社会发展的经典代表。任何时代的进步都是从量变到质变的，科技在人类社会的初级阶段发挥的作用只能是尽快丰富物质基础，为后续社会建设提供充足的"原材料"，也是为消费福利模式的诞生打下必不可少的根基。首先，在物资匮乏的地区需要用科技解放人的双手，用机器规模化生产释放劳动力，让人们能够有更多的时间去发展科技，然后，在保障社会基本物资需求的同时，运用科技为人们提供更加便利的生活条件，最后运用科技彻底解放劳动力，并将科技产生的价值通过公平合理的方式分配到每个人，保障人的基本生存，从而不必被生存所迫将大部分时间拘泥于工作劳动，让人们将时间用于更能展现个人价值的地方。互生消费福利模式伴随新时代而来，能够在科技彻底解放劳动力的环节保障科技红利有的放矢进行社会化分配，让更多的人通过消费就能实现自主保障，进而从事自己真

第一章　创新社会公共福利支撑点

正热爱的事业，为社会文明发展发光发热。

科技发展的中级责任。科学技术为人们带来了较高的劳动生产率，营造了舒适的生活环境，把人们从茹毛饮血的蒙昧时代带到了现代社会。各种发现和发明使人类逐渐强大起来，各种交通工具是脚的功能的延伸，大大拓展了人类的活动范围；望远镜和显微镜是眼睛的延伸，使人类能探测更广阔和更微小的世界；信息技术的进步和网络的完善是嘴巴和耳朵的延伸，使远在千里之外的人们能相互沟通，地球成了一个村落……但科技在推进自动化的进程当中，由于社会的分配机制还停留在按劳分配，劳动生产力与价值挂钩，所以光解放人的双手、生产更多的产品还不够，这个阶段科技的中级责任不仅是继续促进生产力发展，更应该运用先进的技术为社会建设一套新的社会化分配制度，并在不改变原有按劳分配制度的前提下实现格式化分配。科技的进步势不可当，必然会出现两个现象级，一个是产能过剩导致大量库存，另一个是自动化顶替劳动力导致就业格局产生变化，这两个现象级为互生消费福利模式的实施铺垫了条件，所以消费福利模式就是科技发展到中级阶段，为了平衡社会分配制度而出现的必然产物。当人们通过机器自动化来生产物资，再用以互联网大数据技术为支撑的消费福利模式来实现科技红利的社会化分配，就能同时解决供需平衡和就业瓶颈的问题。同时，消费者

探寻新时代社会公共福利支撑点

通过消费福利模式来自主完成刚需保障，就形成了社会公共福利新体系的雏形，进而让消费生产力逐渐弥补就业格局变化带来的按劳分配不足的问题，担起科技为人民谋福利的中级责任。

科技发展的终极使命。改善民生是科技创新的终极使命，科技创新的成果要以改善民生为根本宗旨。通过中级阶段的过渡，科技发展的最终目的就是造福人民，而国家利益则是直接驱动力，科技发展要服务人类、服务国家，这两个科技发展的目标是相辅相成、互相促进的，最终带来了科学技术与人类社会的共同繁荣。从中国改革开放以来的发展历程看，40年的经济高速增长更多地是依靠资源、资本、劳动力的投入和规模的快速扩张，创新能力不强，科技发展水平总体不高，科技对经济社会发展的支撑能力不足，科技对经济增长的贡献率远低于发达国家水平。纵观人类发展历史，尤其是自工业革命以来，广大民众的需求是科技进步最为强大的动力，必须要加大科技惠及民生力度，推动科技创新同民生紧密结合。所以，运用科技搭建消费福利模式来推动社会和谐发展，这就是人类社会在寻求与大自然的平衡与融合之举，即科技发展的终极使命。在消费福利模式的基础上，建立的社会公共福利保障新体系，由不断产生的消费积分循环沉淀，只要消费不停，消费福利体系的"马达"就能生生不息地为社会公共福

第一章　创新社会公共福利支撑点

利一直提供支持服务，最终完成科技红利转化为社会公共福利保障池的过程。随着时间的推移，在消费福利保障体系的初期将会以补充现有福利保障为主要目的，待到新的社会公共福利体制全面建成，人们一出生就能享受到完善的基本生存保障。

3. 科技红利必须惠泽于民

与穷人做生意。从比较贫困的地区周边商业环境可以看出问题，基本商业环境一般比较简陋，经营环境无修饰，简单粗暴，货物堆放杂乱，商品裸露，就是一个杂货铺。商品价格很低，品质不保，完全就是按照产品的基础成本来销售，顾客贪图便宜，这样的社区周边店满足着附近部分居民的生活需求。这里的产品虽然便宜，但消耗的资源是一样的，甚至更浪费自然资源，没有附加值，经济运营的底层逻辑并没有少用自然资源，然而资源价值完全没有被挖掘出来。企业追求低价市场的占有率，追求的是便宜、便宜、再便宜，因此不可能注重产品品质。特别是在如今网购时代，假冒伪劣泛滥与这些低端制造有很大关系。因为品质无法保证且问题太多，其实消费者买的便宜但用着贵。在一切以价格来衡量消费选择的环境里，因为市场上比的不是产品品质，而是产品的价格，因此经济是无法健康持续发展的。想要从低价格的恶性竞争中走出来，就必须建立产品出厂的认证体系，

探寻新时代社会公共福利**支撑点**

任何产品的生产都要有负责人，为自己生产的产品负责。哪怕属于低端产品也要有产品负责人，用个人信用来为产品担责，产品虽然不高端但品质没有问题。在企业转型升级过程中，需要淘汰一些没有品质，没有附加值的低端生产企业，这样可以节约很多自然资源，满足高品质生产企业的需求，创造更大的产品附加值。

与富人做生意。有一种说法，企业要赚钱跟着富人转，满足一个富人的需求比满足十个穷人赚的利润还多，穷人走量，富人走质。与穷人做生意做的是"搬运工"，与富人做生意做的是品质和品位，与穷人做生意只有眼前，与富人做生意是今天、明天和未来。某城市社区有这样一个画面，马路一边是高档小区，另一边是老房区，老房区的居民就在老房区的菜市场消费，与距离不到500米的高档小区商场相比，同样的蔬菜瓜果肉蛋平均价格要低50%。当然，高档小区商场的商品陈列有序，包装规整，菜品卖相好，每一款菜品的包装上都有一个"绿色"标识，本小区的住户就在自己的周边商店购物，当被问到多走500米就有一个菜市场价格很便宜怎么不去那里买时，得到的回复是"这里方便、卫生、菜品品质有保证，贵也吃不了多少，但吃的放心"。由于富人平时工作一般比较忙，常常是把一周需要购买的食材列出清单，要小店每天按照清单配送，并提前预付了货款。有的商场

第一章　创新社会公共福利支撑点

老板更是直接给一个二维码扫描下载安装App，每天想吃什么直接手机上下单，一个小时送到家。商场老板说，感觉与富人做生意很简单，没有这么多讨价还价，挑来挑去，不会像老房区的菜市场，菜上的水甩的到处都是。穷人和富人完全是两种不同的生活方式，因此也就出现了两种不同的生意场面，也有着完全不同的产品价格，生意本就是满足不同人的需求，怎么方便怎么做，完全是自己的选择。

把穷人养成富人。穷人消费看价格，富人消费看品质，如果发展经济永远看价格，经济是没有前途的，也不会有增长，还浪费资源，一个没有品质的产品就是垃圾产品，一个国家生产的产品不追求品质就没有竞争力，就没有话语权和定价权。有人说因为市场只看价格，但其实应该是在产品品质有保证的前提下比价格，而不是在假冒伪劣的基础上比价格。穷人消费看价格就是因为穷，谁都希望消费好品质的产品，没有多的钱，只能看钱说话。凭借今天的技术手段企业完全有能力生产出价廉物美的好品质产品，更多的是需要做好产品品质的宣传和培养消费者消费品质产品的习惯，建立好产品的销售渠道，通过消费好产品导入消费福利模式，让消费者在享受好品质产品的同时还赚钱，把过去省钱模式的生活方式调整为消费赚钱的生活方式。没有品质的产品永远不准进入品牌销售渠道，严把产品品质品牌关，在品质合格的前提下比价格比福利，通过品质提升和消费福利模式的导入，把科技红利实实在在地惠泽于民，这必将成为规模空前的经济增长极，为社会文明升级提供源源不断的动能。

三、新时代的社会文明与社会福利体系建设

新时代的开启，定位了中国未来发展的坐标。一个崭新的纪元，属于历史也属于未来，属于民族也属于世界。理解新时代的中国，理解中国的新时代，离不开文明跨越，时代转换；也离不开社会福利体系建设。在世界互联互通的今天，全球共同生存在一个命运共同体，中国的发展成果也是人类的发展成果。站在历史长河的岸上看，世界各民族都闪耀着独特的光彩，不断加入到互利互通、和平共处的全球化一体化大趋势当中，区域偶尔的摩擦也挡不住人性升华的历史车轮。在物质基础丰富的今天，人们越来越迫切地渴望完善友爱和谐、绿色生态的社会体系，这就是新时代社会文明进步的方向。社会文明的建设离不开社会福利体系支撑，只有人民生活有了长久稳定的保障制度，新时代社会文明才有坚实的发展根基。在中国发展的新历史方位中，新的经济学说衔天命而降，逢时运而生，将如何建设文明和谐社会的研究成果分享出来，探寻新时代社会公共福利支撑点，这一助力社会公共福利体系升级完善的大爱之举，必会得人和而成。

第一章　创新社会公共福利支撑点

1. 新时代的社会文明

政治经济文明。新时代的社会文明由政治经济、科学技术、物质文化三大基础来支持，三者关系相互联系，政治经济是社会发展的方向盘和发动机，指导着科学技术对社会升级的推动，促进物质基础的生产，从而对文化起到从量变到质变的影响，进而对政治经济反馈社会的各项信号起到风向标的作用。这三大基础都要围绕新时代社会文明互利互助、公平公开、生态和谐的建设宗旨来完成升级。政府的目的是为人民服务，为人民谋福利，而消费福利模式对社会结构、经济环境、民生保障具有巨大促进作用和深远影响，正是由于互生经济学说完全契合新时代的发展需求，所以才能为政府在经济建设中提供参考。消费福利模式先试先行已经出炉了成熟方案，将对各级政府在经济建设领域起到辅助作用，以建立社会公共福利体系新支撑体系为依托，影响并带动另外两大基础协同发展。不仅如此，互生经济体系在早期探索实践过程中已经完善总结出了市场落地实施的有效方案，以消费福利模式为基础，兜住老百姓的刚需保障，整合社会力量助力打赢脱贫攻坚战。同时，延伸出农创品牌一乡一品体系作为实施乡村振兴的新抓手，助力品牌强农，帮助农产品上行；延伸出和睦社区物业管理升级体系作为和睦社区建设的新范本，帮助社区物业管理升级，

探寻新时代社会公共福利**支撑点**

提升服务业品质，增加创业就业机会；延伸出正道品牌渠道厂供直卖体系作为大品牌销售的新渠道，帮助企业品牌溯源，实现产销直营，保障品牌定价权，扩大产品分享消费群体。另外，还延伸出行业垂直业务体系，让各行业都能轻松融入消费福利模式互利共赢，便利消费者获得自主消费的保障。互生经济学说已经完成了理论指导、技术支持、项目标准、操作手册、落地样板的全套工作，能够为各级政府在新时代政治经济文明建设中，贡献互利互助互生的一整套可操作方案。

科学技术文明。科技是人类文明发展的一个标志，科技越发展社会越繁荣，文明越昌盛。纵观人类文明发展史，科学技术的每一次重大突破，都会引起生产力的深刻变革，带来人类社会的巨大进步，开创人类文明的新纪元。科学探索和技术创造是人类生活的重要方面，影响社会文明的导向。消费福利模式能在科技与社会之间起到平衡作用，在平台进行消费积分格式化分配当中，有专项针对科学技术研发的科研资金，将针对社会大众需求或某些能改善人民生活的特殊高精尖科技进行经费投入，如精准医疗、新能源技术、人工智能等绿色健康产业。再将科研成果融入消费资本进行投资生产，用消费资本的积分应用来实现全民持股计划，这对科技文明的进步将起到重要作用。

第一章　创新社会公共福利支撑点

为了让消费者获得更富裕、更长久、更稳定的福利保障，完善消费积分福利的规范制度和制定严格的分享制度，建立健全死亡沉淀的保障制度，建设好社会长期稳定的社会保障才是科学技术文明的真正体现。

物质文化文明。新时代全球趋于一体化，不同的经纬度适宜生产的产品类别有所差别，形成不同的区域特色，为了避免资源不必要的浪费，可以对区域进行生产分类，同一类别的区域集中规模化生产，对物资进行量化生产，保证供应还不浪费。通过消费数据的分析，对产品需求进行预测，合理调配资源进行生产，同时通过品牌渠道溯源为品牌产品提供品牌认证，为消费者营造健康、放心的市场氛围，对社会建设的生产物质起到引导、监管、规范的作用，从而树立积极正能量的生产观和消费观。消费福利模式汇集的积分不仅是货币资本，还是渠道资本和技术资本，而最重要的是老百姓的民心资本，这就是消费资本的魅力所在。如此，便可通过消费资本的运营体系作为抓手，建立科技与社会需求的快速反馈双向机制，用精准的科技来反作用于社会的导向，这就是新时代科技文明的最终表现形式——让科研成果属于人民、惠及人民、满足人民、保障人民、服务人民，实现物质文明的科学发展。

探寻新时代社会公共福利**支撑点**

2. 新时代的社会福利

劳动福利。社会福利保障体系是社会文明建设的基础，新时代社会福利保障体系的建设离不开通过释放科技红利来驱动的消费福利，将形成"劳动福利+消费福利+社保福利"三位一体的多元化综合社会公共福利保障体系。过去只有劳动福利与社保福利是将老百姓的福利保障与工作劳动和社保基金挂钩，而产业链产生价值的环节在终端消费，是整个市场的"牛鼻子"，这两种属于产业链前端的福利保障对社会公共福利保障体系的支撑还有巨大的潜能有待开发。所以要建立与消费挂钩的社会福利体系，让老百姓的福利"牵住"经济发展的"牛鼻子"，消费福利保障模式才是调控经济的直接抓手，这样才能便于国家更好地监管、指挥、规划社会福利的运营发展，保障老百姓的福利安全。三大福利体系相互支撑，高效推进新时代的社会公共福利体系建设。人们只有通过劳动才能产生价值，无论是体力劳动还是脑力劳动，无论是打工还是投资，本质上都是通过人自身生命体的能量转换而来，只是转化的技术复杂程度决定了价值的高低。比如，通过简单的体力劳动产生的价值往往比脑力劳动产生的价值低，原因在于人的智慧可以驾驭科技的力量，通过借助其他形式的能量来帮助提高生产力，但归根结底劳动福利的核心是人来输出价值，所以劳动是

第一章　创新社会公共福利支撑点

生存保障的根源。人们年轻时通过劳动产生价值换取福利，并开始购买社保为年老后准备一份养老保障，其本质仍然还是通过劳动来产生价值，只是采取了投保的方式而已。但随着科技自动化、智能化的普及应用，大量的劳动生产力被释放，仅依靠劳动就业来满足和提高福利的方式已经无法满足失业者市场的需求，怎样才能在不影响原来福利体系的前提下，不增加企业负担和政府负担的原则上，创新出一套新的福利解决方案是时代的期盼。时代的进步推动社会福利体系逐渐向多元化完善，劳动福利将不再是人们生存保障的唯一途径，而科技红利必须惠泽于民的政府导向让我们找到了更加轻松的消费福利生活方式。所以，伴随着新时代的到来，劳动福利不再是为了生存的被迫之举，而是主动实现自我价值的必要条件，这将大大激活人们的创造力和追求更美好生活的动力。

消费福利。消费福利的本质与劳动福利的本质不同，消费福利是通过科技自动化产生价值，人们运用科技将生产时的能量转化范围扩大到了除自身身体以外的领域，彻底颠覆了几千年来劳动福利靠人来输出价值的格局。有了科技自动化，人们可以不用那么辛苦地工作便能生产更多的价值，只需要通过消费福利来疏导分配科技红利即可。由此可见，消费福利的核心是靠科技来输出价值，将人们从价值的生

探寻新时代社会公共福利**支撑点**

产端升级到价值的转化端。简单来说，以前干得越多，对社会贡献越多，劳动福利就越多，但在新时代却是消费越多，实现价值转换就越多，对社会贡献就越大，获得消费福利就越多。消费福利作为劳动福利的升级和补充，能够帮助社会公共福利体系建设得更加完善，是社会文明进入新时代的特有标志。消费福利在新时代社会三大福利体系当中，充当的是承上启下、拾遗补缺的稳定作用，上承劳动福利，改变价值输出关系，托起人们的生存保障，释放智慧的运用空间，下启社保福利，在创就业问题上起到减震缓冲作用，为政府分担压力，形成三道相互关联的福利保障防线，以政府主导的社保福利为根基底盘层，以市场主导的消费福利为衔接联动层，以人民主导的劳动福利为活力创新层，实现社会福利体系对老百姓的层层保障，让人民能够积极发挥智慧、踊跃创新实践。就算实践失败也有市场上互助互利的消费福利体系保障生存兜底，没有享受消费福利的还有第三层福利保障防线。如此设计，消费福利不仅托起了老百姓的保障，激发出自主创业热情，还帮助国家分担了压力，让国家能将资源和注意力集中到其他急待建设发展的领域，是新时代建设社会公共福利不可或缺的一极。

社保福利。在社会福利体系中，社保福利是建立的最基本的保障

第一章 创新社会公共福利支撑点

福利,福利资金来源由老百姓、企业和国家共同承担,故社保福利起到的保障效果受两个主要因素的影响,一方面受市场环境是否稳定、经济发展是否良性的影响,另一方面受社会人口结构的影响。市场经营环境与经济发展情况直接影响的是企业的盈利状况和消费者的劳动福利,消费者与企业的收益对社会保障的主要资金来源起到重要影响,而经济发展不能只看GDP,这只是体现了产生了多少价值,但如果没有消费是不能实现有意义的转化的,所以经济的晴雨表还应该参考消费指数,也就是说消费对社保福利的效果起到了一定的影响,可以通过消费福利来增强社保福利来源的稳定性。另外,由于20世纪80年代开始实施计划生育,对人口结构的影响非常大。过去青少年比例多于中老年人,呈"梯形"人口结构,经过一代人"独生子女"现象的转变,青少年比例下降,人口结构逐渐变成"倒三角形",社保福利是长效投资,由后人养前人。一旦社会人口结构发生变化,社保福利的资金来源也将随之变化。由于中国人口数量众多,不能光靠政府补贴来补充,必须从其他方面为老百姓提供福利保障,而消费福利正是有效的助力形式。每个孩子从出生开始就能办理消费福利,只要家长将平日的消费积分都给到孩子的消费福利账户,就能为孩子轻松实现从小到老的生老病医保障,既为个人保障,又为家庭解压,还为国家分忧。所以，消费福利在劳动福利和社保福利之间起到了缓冲带的作用，让社保福利能够起到更好的保障效果。

3. 社会福利的支撑

经济健康有序。社会公共福利体系的建设依靠的是自身制度的完善与大环境的支撑，所以要想社会公共福利得到良好的运营，需要维护好经济的健康有序、制度的公开透明、法治的公正严明。经济活跃是推动社会文明前进的动力，需要合适的制度让各有所得。社会福利体系起到为国家分忧，为老百姓、企业提供保障的作用，而社会福利体系自身的保障则需要法律的保护。新时代社会福利体系的建设加强了与市场经济和国家政府三者之间的联动关系，形成民、企、政相互紧密协调发展的新格局。在新时代社会福利的三大体系当中，老百姓和企业之间的买卖平衡关系直接影响到经济的健康发展，而消费福利模式的产生，无论对社会福利体系本身的制度升级，还是对市场经济的健康发展都起到了积极的推动作用。经济是一切建设的基础，消费福利模式对经济发展，对企业的盈利和老百姓的收益都有巨大推动作用。消费福利模式在建立的同时，还为国家税收建立了消费全域覆盖的自动收益分配体系，每一次消费后的积分分配都有一笔是专项的税务收益，技术条件成熟的税务系统便可无缝对接，增加国家的税收。

第一章　创新社会公共福利支撑点

经济是社会发展的动力,需要从各个环节发力,消费福利促进了经济有序健康的发展,保障了国家社会福利体系的稳定,同时也增加了国家的税务收益,在社会各个重要组成部分之间形成了互融互通的良好格局,各部分又通过共同努力的相互作用保障和促进了经济的健康发展,为社会福利的支撑系统起到加固作用。

制度公开透明。俗话说"没有规矩,不成方圆"。社会公共福利带有全局性、稳定性,管根本、管长远。要增强社会公共福利执行过程透明度,坚持阳光操作原则,使社会公共福利体系建设真正体现出"民心工程"的特点。在经济活跃的前提下,社会福利体系要想正常运行,必须拥有公开透明的制度体系,在新时代社会福利体系当中,劳动福利与社保福利在长期的运行过程中,已经具备了较为完善的体系制度,所以消费福利在设计之初就考虑到这一点,多措并举保障其公开、透明的公平性。消费福利采用互联网大数据技术,将社会化的福利分配比例,福利计量标准以及各福利功能打造成几十个独立的子系统,再集成为一个完整的福利保障系统,接受国家和人民的监督,做到每一笔消费积分的分配都是通过系统自动结算,保障各环节的利益安全。消费福利从一开始就借助互联网和互生大数据的技术支撑,建立公开、透明、精准、有公信力的分配体系,为科技红利的释放准备好了规范透明的渠道，让今后无论多大的经济增长带来的红利，都能按照格式化的设计，稳定有序地分配到各个环节，精准造福老百姓。

法治公正严明。公正严明的法治是中华复兴之光，依法治国，建设社会主义法治国家，是中国的治国安邦方略。依法治国包括立法和执法两个不可分离的重要环节。立法贵在翔实明确，执法贵在公正严明。法治公正严明是让老百姓感受到社会公平正义的重要方面。维护司法公正应当成为全社会公民共同的任务，这不仅需要政府和法院自身的努力，更需要全社会的理解和支持，不仅需要培养和提高社会的法治意识，更要维护司法公正的现代司法理念。没有公正严明的法治就没有安全有序的社会环境和人民尊严。经济的进步可以提供稳定的经济基础，但人的尊严也要有健全并完善的政治环境做保障，法治是保证人的尊严并稳定社会发展的重要手段，正确抵制社会上的不公正现象，构建一个公平公正公开的法治社会是需要人人做出努力才能完成的任务。保护每一个公民的权利和财产福利并尊重人的尊严，保障国民的生存、发展、安全、健康、幸福生活和可持续发展是国家应承担和履行的责任。

第二章　消费福利与兜底扶贫

何开秀点题

消费福利与兜底扶贫

消费福利与兜底扶贫就是满足消费者需求的解决方案。

为什么要推出消费福利模式？消费福利模式能够解决什么问题？我们先把与民生相关的一些问题整理出来，看看哪些问题必须快速解决，哪些问题可以延迟解决，哪些问题要政府来解决，哪些问题需要协调市场来解决，我们再把要市场来协调解决的问题分为三个方面，依次寻找解决办法。

一、个人方面需要市场来协调解决的问题

1. 就业问题，赚钱太难。

2. 创业风险太大，可持续发展的项目太少。

3. 生存、养老、医疗费用、教育、住房等的经济压力太大。

4. 食品安全问题，商品的假冒伪劣问题，防不胜防。

5. 市场信息太乱，真真假假，让人无法识别。

二、企业方面需要市场来协调解决的问题

1. 消费疲软，产品销售不出去，生意难做。

2. 经济进入恶性循环，企业发展找不到方向，不知道该做什么。

3. 假冒伪劣泛滥，品牌企业被逼无奈生产网货。

4. 企业发展的资金问题，金融市场混乱，贷款门槛太高。

5. 科技发展的速度使企业产品淘汰率加快，企业成本太高、风险太大。

三、地方政府方面需要市场来协调解决的问题

1. 农业农村的长期发展，如何从政府牵头落到企业的健康发展。

2. 社保养老金、免费医疗资金的长期稳定来源。

3. 经济发展的平衡与平稳增长。

4. 永久脱贫市场操作的可行性解决方案。

5. 贫困地区地方政府的财政收益问题。

透过问题的整理我们发现，80%的问题与钱有关系。如何才能彻底地从根部去找到解决方法？我们知道，钱的问题根本就是分配问

第二章　消费福利与兜底扶贫

题，可是，分配是非常敏感的话题，增加员工福利，提高员工待遇，企业负担太重就会严重影响企业的发展。大型企业大量发展自动化、智能化，虽然可以降低工作人员的劳动强度，改善工人的工作条件，提高工作效率和精度，但同时减少了工作人员数量，带来工人的失业。中小企业根本就不寻求长期发展，只选择短期行为或者自己家族养活自己就算了。如果是长期这样下去，我国经济一定会遇到困难，社会贫富差距加大，市场上经济乱象更多，矛盾更加突出，问题更加严重。大企业、大平台、经济寡头强强联合，在互联网购物平台上杀得实体企业一地鸡毛，根本就没有中小企业的活路。针对社会经济生活中遇到的问题，《互生经济学》已经给出了一套新的解决方案的理论，按照互生经济的解决原理完成了互生系统平台的打造，结合市场的实际情况推出了不同领域的多套应用方案，规划了近期解决方案、中长期解决方案和长期解决方案。同时也分类给出应用工具，满足消费者需求的应用工具就是消费福利卡，满足企业需求的应用工具有一乡一品、厂家直供、社区服务、互源码应用等，只需要地方政府大力度支持整套方案的落地实施，这些问题也就迎刃而解。

第二章

消费福利与兜底扶贫

《中共中央国务院关于打赢脱贫攻坚战的决定》指出,扶贫开发事关全面建成小康社会,事关人民福祉,事关国家长治久安,事关我国国际形象。打赢脱贫攻坚战,是促进全体人民共享改革发展成果、实现共同富裕的重大举措,是体现中国特色社会主义制度优越性的重要标志,也是经济发展新常态下扩大国内需求、促进经济增长的重要途径。《关于深入开展消费扶贫助力打赢脱贫攻坚战的指导意见》指出,消费扶贫是社会各界通过消费来自贫困地区和贫困人口的产品与服务,帮助贫困人口增收脱贫的一种扶贫方式,是社会力量参与脱贫攻坚的重要途径。大力实施消费扶贫,有利于动员社会各界扩大贫困

第二章 消费福利与兜底扶贫

地区产品和服务消费，助力贫困地区打赢脱贫攻坚战。打好脱贫攻坚战，实现永久脱贫不返贫，就必须要建立兜底机制，保证兜底机制的正常运行，整合社会力量共同参与，建立社会化的福利保障体系，调动社会力量形成互利互惠的新型福利保障模式。以《互生经济学》为理论指导，以互生系统平台为技术支持搭建的消费福利体系，采取的正是社会化福利保障模式，将有效地解决兜底扶贫问题，为社会公共福利提供新的支撑体系。

一、实施消费福利模式的时代意义

社会公共福利类型有很多，消费福利模式属于其中的一个类型，是将消费者和企业整合形成消费资本，再转化为生产力，把科技红利惠及人民的一种新型公共福利模式。消费福利模式是通过国家分享经济实施平台的技术支持为企业提供持续盈利的解决方案，把企业给到平台的服务费再重新分配，通过积分福利的形式记到消费者的消费福利卡上，鼓励消费者多消费，再通过积分的延伸应用来实现消费者和企业的持续互利，用积分延伸应用产生的利润来解决消费者生存、养老、医疗的刚性需求，从而建立社会化的公共福利保障机制。

1. 实施消费福利模式的时代意义

消费福利模式影响企业经营的理念。很多企业一直在薄利多销

探寻新时代社会公共福利支撑点

的经营理念上继续着价格竞争的模式，一些生产企业在生产过程中也一直追求降低成本，销售企业追求批量批发的薄利多销。如果大家都坚守着在保证品质底线的基础上比价格这是非常好的模式，但是今天看到的情况并不是这样，部分企业的产品已经突破品质底线，当品牌企业的产品开始以"网货"的形式出现在电商平台上时，预示着薄利多销模式已经走到头了。而另一个极端是想方设法增加产品的科技含量或者能量功能，绿色保健功能等，以此为由来提升产品价格，也造成大量产品的科技功能没有实际意义，甚至伪造功能，在这两种极端的环境中有多少是真有多少是假，真真假假，假假真真，最后受伤害的还都是我们自己。我们都忽略了一个根本的改变，那就是生产方式变了。过去是在传统手工制造的背景下生产，受劳动生产力的影响，我们的产量是有限的，市场上同质化产品也不多，选择余地不大，价格是直接的竞争手段，薄利多销是可以多争取销售额的。而今天市场上的同质化产品满眼皆是，自动化、智能化生产效率大大提高，科技产品迭代速度非常快，互联网又突破了区域保护，价格体系被彻底打乱。就是品牌企业的产品在互联网上也失去了竞争力，倒逼企业为了吸引点击率特制"网货产品、高科技产品、健康功能产品、绿色环保产品"等。如果都是真的那倒是好事，但如果其中有很多都是假的

第二章　消费福利与兜底扶贫

呢。现在推出的消费福利模式，它最大的不同点是把省钱模式变成了赚钱模式。可能大家容易理解成直销或者传销什么的，它们之间的根本区别在于直销或者传销是依靠拉人头推销产品来提成分钱，而消费福利模式是利用消费积分累积后的积分延伸应用产生的利润来建立福利保障制度，在此过程中不需要消费者购买高价格的产品，也不需要消费者去推销拉人头来提成，而是把商家给技术平台的支持费用和促销让利，用积分的方式登记在消费者的消费福利卡上，平台把收取的服务费用以及促销让利与消费者获得的积分进行捆绑换算，再延伸积分应用而实现，过程中规定一定的技术支持费用和促销上限，避免市场恶性竞争。消费福利模式最大的特点是与消费者的消费行为挂钩，在消费者正常消费的同时，将消费积分应用到福利保障体系的建设中，形成可再生的循环发展模式，消费不息福利不停。企业永远是以追逐自身利润为目标来开展经营的，企业就是创造价值的社会单元，而消费是价值转化的关键环节，如果不解决消费者敢消费、有能力消费的问题，企业赚钱是非常艰难的。消费福利模式就是要让消费者有钱消费，在解决消费者生存、养老、医疗的基本后顾之忧的同时，拉动消费能力。所以在新时代下，企业要想抓住消费者，就不能只考虑自己赚钱，要想办法帮助消费者赚钱，经营理念要从过去的"为消费者省钱"转变为"为消费者谋福利"，用长远的眼光来设定企业经营方向。

消费福利模式改善买卖双边关系。企业要想盈利是离不开消费者的。消费福利模式使得企业与消费者之间建立了互惠互利的关系，打破了几千年以来"买卖不相融"的局面，其实这也是社会发展的必然趋势。科技生产力在现代得到了空前的释放，势必需要与之相适应的分配模式来平衡买卖关系。而消费福利是通过消费者消费后获得积分的累计和积分置换成货币资本再投放到企业的股权中参与企业盈利分配，从而实现全民持股计划。消费福利模式真正实现了买卖互利，让企业与消费者在利益共赢下形成相互依存的关系，通过消费福利模式改变或改善市场买卖双方的主要矛盾，随着这一矛盾的解决，社会上很多问题都将迎刃而解。消费者也能参与企业盈利分配，形成自然的生态机制，从而建成缩小贫富差距的循环经济体系，形成社会各资源之间互惠互利的互生经济形态，生生不息永续发展。

消费福利模式改变消费价值观。消费福利模式引导的是一种买卖互利的模式，对消费者和企业都有利。消费福利模式将从五个方面改变现有的消费价值观：第一，消费福利模式实现了民、企"一家亲"，互帮互利互惠的意识形态随着每天的消费行为会逐渐渗透到每个消费者和企业的内在；第二，在消费福利模式下，能有效收集消费

第二章 消费福利与兜底扶贫

大数据并帮助行业实现定制化生产，随着消费含权持股的逐步融合，消费者将会更多地到"自己家的店"消费，也就是通过消费福利模式实现消费含权持股的企业将具备强大的渠道和购买力保障，实现"产有所需"，改变市场盲目跟风发展的乱象；第三，消费福利模式通过格式化的分配规则，避免了无底线的市场恶性价格竞争，同时帮助企业拓增盈利点，引导市场营造良性竞争的氛围，通过品牌溯源保障优质产品的利益，让假货无市场；第四，随着消费福利模式的实施，通过日常的消费就能解决消费者生存、养老、医疗的刚需问题，解决了消费者的后顾之忧，形成越消费越有福利的"自动波"，从而释放消费潜力，提高消费水平；第五，消费福利模式的成型，让每一个消费者都有公平获得消费福利的机会，为社会建立了一张兜底的保障网，可以缓解社会贫富差距产生的压力，通过消费福利的互利互惠循环模式，可实现社会资源的合理运用。

2. 实现消费福利保障后的企业发展

为人民谋福利将是企业持续发展的核心竞争力。企业的盈利资本除了货币资本、技术资本、自然资源资本以外，今天还要加上消费资本。在过去物资相对匮乏的卖方市场年代，企业的核心竞争力是货币资本、技术资本与自然资源资本，只要有好货就不愁卖。但在科技高

探寻新时代社会公共福利**支撑点**

速发展的今天，科技自动化、智能化提高了生产能力，加大了产品的生产力度，加上同质化产品的不断更新迭代，供不应求变成了供大于求，供大于求的经济市场是买方市场，企业原来的核心竞争力变弱，而消费资本的影响正在快速增大。企业为了吸引消费者、讨好消费者可以说是想尽了一切办法，打折、促销、捆绑营销、送东西……只要能吸引消费者上门消费什么手段都用上了，但收效甚微。如何才能拉动消费，政府连续出台相关文件升级消费，但由于消费者包里的钱不多，都不敢消费，只想赚钱。所以，当消费福利模式能够通过消费就赚钱并解决后顾之忧时，消费者就敢大胆消费，而且越消费福利越多，企业的生意因此好做，生意流动速度加快，效益提高，消费积分给的越多，消费者消费越多，消费者不只是消费产品，而是提升生活品质，为生活而消费、为福利而消费、为保障而消费。企业做生意也变成为消费者谋福利，造福消费者越多，企业生意越好，只有为人民谋福利才是企业持续发展的核心竞争力。

围绕为人民创造价值是企业发展方向。 以人为本既是经营哲学，也是管理思想。经营企业，就是经营人心以获得利益相关者特别是客户的持久信赖，从而取得更好的经营业绩。为人民创造价值是构建和谐企业、和谐社会的必然要求。价值创造是由企业和消费者共同来完

第二章　消费福利与兜底扶贫

成的。从共同创造到共同分享,企业要使价值创造成为一个持续的过程,就要与消费者分享价值成果,只有这样,消费者才会以更大的热情投入下一轮的价值创造之中。从共创到分享,再由分享到再共创,如此循环往复,企业才能实现价值最大化,才能实现企业与消费者和社会和谐发展。消费福利模式顺应时代发展趋势,推动市场形成买卖互利的循环经济,不仅能满足消费者的刚需,让消费者能消费、愿消费、敢消费以外,对企业的价值取向也会产生巨大影响。新时代下企业拥有消费资本固然重要,但为消费者创造多元化的服务更为重要,企业不仅要为消费者提供消费福利,同时自身的发展方向也必须要符合人民的生活需求。其实,想方设法为人民创造价值就好比"目的地"的指路牌,而消费福利模式就是为企业架起的"高速公路",让企业良好、稳定地发展。

一切围绕以满足人民需求为时代的追求。新时代的一个重要特征和变化是,社会主要矛盾已经转化为人民日益增长的美好生活需要和不平衡不充分的发展之间的矛盾。"满足人民日益增长的美好生活需要"科学地回答了为什么发展的问题,体现了新时代以人民为中心的价值追求。科技进步发展的成果,必定大量地运用到为人民服务的事业当中。为避免科技自动化替代劳动力引起的就业危机,建立一套循环机制将科技红利有序地分配给人民就显得十分紧迫和必要，以此让科技围绕人民需求来创造价值、服务大众。在这个过程中，人人享受公平的分配制度，而丈量不同收获的标准是"消费积分"的数量，消费者只需通过消费福利模式在消费中积累积分福利，由积分的数量来决定对应分配获得福利的多少，这样就将消费与福利分配挂钩，让消费者在消费过程中越来越快地积累福利保障，进而营造"快乐消费"的氛围，解决了人民的后顾之忧后，整个社会就能更好地朝着"满足人民需求"为最终目标来规划发展。

3. 消费福利与兜底扶贫的实施

建立消费福利保障体系是新时代的新需求。消除贫困，改善民生，实现共同富裕需要建立一套社会化的兜底机制，除了政府部门要努力，还需要社会力量的参与。互生结合消费福利模式能够全面横向整合社会资源的功能和优势，通过农创一乡一品项目、和睦社区建设项目、正道品牌运营项目的纵向延伸业务，搭建了一个新的商业流通渠道和新的服务体系，在新的框架下用市场规则约定了一套永久兜底扶贫的执行方案，并通过精准帮扶实践取得了可实施、可复制的方案成果。消费是生产的最终目的和动力，也是人民对美好生活需要的直接体现。而通过正常的消费过程就能获得消费福利保障，且不用人民

第二章　消费福利与兜底扶贫

"多花一分钱",这正是消费福利保障体系全心全意为人民谋福利的价值所在。消费福利保障模式不仅是人民美好生活的助推器,也是企业持续盈利的有效工具,让市场在简单的"买卖"中逐渐稳定实现良性循环,从而帮助国家增加税收。另外消费福利在格式化分配中还设计了针对地方区县建立民企政公益服务机构的规划,为地方政府增添额外经济来源并全面应用好互生慈善基金,更好地服务于地方人民,让人民的消费推动经济进入生态循环,政府越是更好地服务人民和企业,人民的消费潜力越能激发,市场越能良性发展,政府税收就能得到更好的保障。所以,建好消费福利保障体系是完全符合新时代新需求的。

消费福利是增加人民收益的重要举措。总体来说,消费福利模式的原理是为企业提供服务,然后把市场交易中庞大、零散的服务收益进行重新社会化分配,在兼顾各方利益的同时让消费者获得最大的分配比例。与市场上现有的各类互联网平台收取服务费后的不同点在于如何分配。通常互联网平台是直接赚取了这部分收益,也就是"服务、流量"的单向线型盈利模式,而消费福利模式则增添了"分配",让更多人受益。另外,消费福利模式属于循环经济模型,所以会与通常的互联网盈利模式的考虑点不同,通常的模式只需考虑自身

的盈利，但消费福利重点考虑的是激活消费者消费潜力，同时保护企业盈利。要达到这样的目的只有走"分享经济"互利共赢的路，这是一荣俱荣、良性循环的模式，消费者不仅能够获得消费积累福利保障，还能解决后顾之忧，激发消费潜能，营造好的市场氛围帮助企业提高效益，更好地增加消费者的创业就业收益。实现社会和谐是靠良好的制度和正能量的价值观作为基础的，是基于"民富国强"的活跃经济氛围来驱动的，消费福利模式的普遍实施，将大大增加人民收益的渠道、数量和质量。

兜底扶贫是社会和谐发展的基本任务。兜底扶贫是在消费福利模式的基础上对帮扶对象实施积分捐赠帮扶，使帮扶对象通过社会力量的消费积分捐赠，快速达到消费福利保障的兜底线，同时针对国家建档立卡的帮扶对象，在达到兜底线标准后每月都将获得基本生存的兜底金，年度积分福利超过兜底线时还有福利再分配。我们将消费福利模式延伸运用到脱贫攻坚中的兜底扶贫方案，是长效慈善救助机制，其实施具有五个方面的意义：第一，兜底扶贫方案能够释放社会力量共同参与消费扶贫，通过动员全社会进行消费积分捐赠，只需把自己平时消费获得的积分捐赠到帮扶对象的消费福利卡号上即可，这样就能帮助没有消费能力的贫困人群快速积累消费积分，从而获得兜底福

第二章 消费福利与兜底扶贫

利保障；第二，大多数贫困地区由于生产环境落后，没有形成有规模的完善产业链，导致该地区的产品品种单一，品质无保障，产量不稳定，消费福利模式能通过消费任何有消费福利积分的产品进行积分捐赠，大大拓宽了消费扶贫的渠道，促进贫困人口稳定脱贫和贫困地区产业持续发展；第三，兜底扶贫的对象是国家建档立卡的贫困人群，通过一个身份证号只能注册一张消费福利卡号的唯一绑定规则，精准、透明地实施慈善救助；第四，兜底扶贫帮扶对象除了享受消费福利卡原有的功能，积分福利还有特殊兜底功能，只要注册了消费福利卡后积分累计投资达到10000分，将实现按月300元的兜底福利支持，直到永久脱贫为止；第五，兜底扶贫可以是一对一"认领"帮扶，也可以是多对一"抱团"帮扶，还可以将帮扶对象的消费福利卡号公布在各大商圈，让大家自由捐赠，最大限度地调动社会力量共同出力打赢脱贫攻坚战，消除贫富差距，增进社会和谐。

二、建立消费福利保障后的经济发展轨迹

消费福利解决方案的实施使消费者通过消费建立起自主的生老病医社会化保障体系，通过整合各方资源创新经济发展模式，重构商业模式新规则，重建城乡经济新秩序，重塑中国创造新品牌，重振民族精神新动力。消费福利保障体系的建立将有助于增加人民收入，推进

探寻新时代社会公共福利**支撑点**

中国社会结构从"金字塔"型向"橄榄"型转型,同时延伸出的配套业务体系也有助于从重点问题上梳理规范市场,促进经济发展步入生态循环的发展轨迹,未来的市场机制将拥有新的过滤"造血"功能和调节平衡的有力抓手,进而能够激发无限的活力,为经济的"三驾马车"重新飞驰腾达保驾护航。

1. 恶性竞争的商业行为寸步难行

恶性竞争的商业环境难出好产品。商业竞争是常见的市场行为,适当的竞争能促进市场良性发展。依据常理来说,商业竞争无可避免,但这一切须建立在正常的商业竞争之上,允许企业的自由竞争,但并不允许企业无度竞争。市场上频频出现恶性价格战、假冒伪劣、盗用知识产权等不正常的商业竞争,其目的都是通过不正当的商业行为来打垮竞争对手,进而占有市场。所以,恶性商业竞争局面,主要是由价格战引起的系列负面商业行为交织而成。在消费疲软、市场经济下滑的大背景下,企业为了争夺有限的消费者,不惜牺牲自身成本,使劲压低价格来博取消费者的青睐,打垮竞争对手,加上移动互联网App的兴起,一个商圈里只要有一个商家刻意压低价格促销就会引起连锁反应,不久整个商圈就会沦陷在恶性的价格战中无法自拔。试想一下,企业具有逐利的本性,没有充足利润要想赚钱只有降低成

第二章　消费福利与兜底扶贫

本，降低成本可以通过裁员或降低生产、服务标准来实现，这样就导致员工工作没有积极性，产品、服务质量没有保障。所以，在恶性竞争下消费者看似捡了便宜，但最后会发现买到手的产品品质大不如前，甚至是假冒伪劣产品，最终损害的不仅是企业的利益，还有消费者的利益。恶性竞争可谓是互害互损。买卖互利的良性市场雏形在中国古代早已出现，古时候商人开粮行，卖米谷都是用斗或升来量的，他们把升和斗堆得尖尖的，尽量给顾客让利，以赢得回头客，所以叫"无尖不商"而非"无奸不商"。其实做生意原本的信条是诚信且为消费者考虑，这就是互惠互利互生的思想，互助互利长久发展，恶性竞争寸步难行。

塑造产品的价值是企业的唯一出路。恶性竞争的出现一个主要原因是忽略了市场消费能力的培育，产能增加过快，使得供需关系严重失衡。企业为了生存不得不采取极端的恶性竞争，使得市场逐渐浮躁，有的企业只想着如何赚"快钱"，如何降低成本增加利润，如何模仿抄袭快速回本，导致市场进入恶性循环。如果不去引导改变这样的市场氛围，必将引发诸多社会连锁问题。实现市场良性循环的关键在于增加产品的价值和附加值，提高消费能力，让企业有利润，让消费者有保障。要摆脱恶性循环的逻辑圈需要提升产品的品质增加企业盈利条件，不要给消费者养成"贪便宜"的消费习惯，同时为消费者购买产品后提供更多的附加价值。消费福利保障模式鼓励企业立足于提高自身产品品质，在盈利后反馈一些给消费者实现共赢，来增加消费附加值，改变消费者的消费观念，使其追求优质的消费体验和更多的消费福利保障，同时保护企业盈利空间，让市场重新贴上"诚信""品质""创新""互利"等正能量的标签。

价格不等于价值。传统价格理论认为价格是价值的货币表现，即价值决定价格。然而，价格首先是交换价值的货币表现，但交换价值并不等同于价值，所以价格也并非完全是价值的货币表现。商品的价格就像"一滴水"，而价值是"大海"，价格是有限的，价值是可以无限塑造的。消费福利保障体系让消费者通过消费一定价格的商品获得的积分比例是有上限的，但积分投入福利池换取的福利的价值却是无法估量的，这样就可以做到让消费者用有限的价格实现更大的价值，实现买卖关系的价值回流，重塑循环再生的市场关系。互生的实施顺应了居民消费新趋势，从供需两端发力，在乡镇通过一乡一品的品牌塑造价值，卖出好价格，在社区设立品牌销售专营店，花钱能买到有价值的商品，物有所值，以定向消费金积极培育重点消费领域细分市场，引领消费，并提升居民消费能力，增强消费对经济发展的基

第二章　消费福利与兜底扶贫

础性作用。

2. 为消费者创造持续福利是新商业法则

平衡买卖关系是经济发展的核心。每个行业都有自己的商业法则，但最基本的逻辑是"生存""发展""革新"，如果违背这三条原则企业就会开始走向衰亡。新时代就要有新的商业法则，当人人都拿着消费福利卡努力为自己创造消费福利保障的时候，市场的主导思想、行为准则以及经济结构都会受到互利、互助、互生价值观的影响，所以"为消费者创造持续福利"就是新商业法则的基本逻辑。经济良性发展的重要环节在消费上，也就是买卖关系是否达到供需平衡，无论哪一方过剩都会影响到另一方，市场应该建立具有供需平衡预警的保障体系。消费福利保障体系通过消费大数据的挖掘可以为企业提供需求参考，通过对定向消费金的使用行业选择，可以调节、缓解供给侧产能过剩的问题，从而达到平衡买卖关系稳步发展的效果。

增加消费者收益来源是平衡买卖的重点。要实现买卖供需平衡，必须抓住消费关系中的权重单位即消费者，如果消费者不消费，企业就做不到生意。所以，要拉动内需，就要实现消费者想消费、敢消费、有钱消费。这样，企业生意才好做。商家历来多采用打价格战，打来打去你死我亡，全伤，没有一个是赢的。要想消费者"能消

费""愿消费""敢消费",一个重要的举措就是要提高老百姓的收入水平。因为,有钱才能消费,有保障才敢消费,这依然是颠扑不破的真理。做大消费的蛋糕,归根结底要充实人民群众的钱袋子。消费福利卡掀起"消费赚钱"新时代,互生消费福利保障体系的建立以及几大业务系统的互生共进,可以有序地梳理现有过剩的产能,让市场消费力有的放矢,去库存降产能打通消费流通环节,最后实现供需平衡的调节,在帮助企业实现企业持续盈利的同时用消费积分的方式造福消费者,而消费者通过使用消费福利卡把在商家消费时商家给出的让利以积分的方式进行汇集,再把汇集到的积分投入福利池,通过延伸应用到企业的股权中,实现消费者消费越多积分越多,积分投资收益越多,这样就大大提高了消费者的消费信心,实现消费者敢消费、想消费、有钱消费,从而拉动内需,做大市场,让企业生意更好做。

为消费者创造持续福利是新商业法则。在以往的商业法则中,第一商业法则是以物品相互交换的法则,第二商业法则是货币交换法则,第三商业法则是售后服务法则。这些法则共同的基本特征是遵守约定俗成的诚信和等价交换原则,依赖的是商家的自律和商人的道德素养,并没有明确的、系统的法律约束。在互生的消费福利保障体系内进行商品流通与交换时,除了具备上述商业法则的所有基本特征

第二章　消费福利与兜底扶贫

外，还增加了社会福利保障体系、资源整合服务体系、市场业务服务体系，使国家、企业、消费者三者在商品流通中，把无序、单一、不可控的商品生产与交易活动转变为有序、复合、可以宏观控制的商品生产与交易活动，从而获得各自的长久利益。同时，进一步把商品交易行为转化成促进社会安定与和谐的行为，使之形成生态结构的互生关系。一个产业或行业在生产过程中，必然与几个甚至数十个产业与行业存在横向关系，形成相互依存关系与产业集群合作关系，这种社会分工符合现代工业、服务业的发展趋势，最终把产品指向终端客户群消费者个人。而如何满足消费者个人最大、最迫切的需求，是这个商业模式能不能在市场上立足的基础。当消费福利保障体系把消费者购买产品与生老病医等用系统的形式集成规定下来后，一种新型的商业法则，即第四商业法则应运而生了。它是建立在《互生经济学》理论上的互生系统商业运行法则，其定义是通过消费行为，完成国家（社会）、企业、消费者全方位的福利保障，从而实现消费者有消费能力，企业长久发展，社会长久安定的相互共生的法则。简称为"消费福利法则"。所以，社会、企业为消费者创造更多的持续福利是新商业发展的根本逻辑。

3. 提升产品附加值才是出路

价格与价值的角逐。价格是价值的表现形式，价值是决定价格的基础。在市场竞争中，企业都会运用价格手段，通过价格的提高、维持或降低，以及对竞争者定价或变价的灵活反应来与竞争者争夺市场份额。价值竞争在市场上的表现为价格竞争，价格竞争的实质是商品或服务提供给顾客的感受得到的实际价值的竞争。在价值与价格角逐中，价值永远是最根本需求。企业在进行商品服务营销时，如能注重本身让顾客感受得到实际价值体系的完善与优越性，便会在市场竞争中立于不败之地。随着买方市场时代的到来，消费者在消费选择时，越来越多的是在条件相似的情况下，选择能够满足更多需求的商品，能满足需求的是"价值"而不是"价格"，所以能够赋予商品更多的附加价值，比降低商品的价格更能留住消费者。互生的消费积分福利模式是一种创新的积分增值模式，从企业的角度看，积分福利增加了商品的附加值，跳出了以前打折吸引客户的传统方法，从企业对消费者提供积分到积分福利增值，等于提高了企业商品的附加值，也就提升了客户对企业的忠诚度，促进企业本身主营业务增长。从消费者的角度出发，消费福利卡的积分福利将集合客户整体积分价值，积少成多，体现客户持有积分的最大价值。整个互生系统平台当中，通过整

第二章　消费福利与兜底扶贫

合把碎片的消费积分积累起来，延伸应用创造积分福利的增值价值，甚至可能比钱还重要，因为积分的背后是用户数据和年年递增的积分福利。在互联网的背景下，企业都希望以一种开放包容的心态进行跨界合作，这样更容易形成共赢的局面。

价格有数价值无限。在消费福利模式实施并普及后，市场必将回归到良性发展的轨道上来，生态循环的经济会自动形成各方互惠互利的新平衡，这个时候企业要想具备更加强大的竞争力就必须提升自身产品的附加价值。这里所谓附加价值的概念不是仅限于产品的功能范畴，而是要跨界突破到产品的品质功能、品牌效应以及福利保障的立体层面，形成多维度的产品附加值体系，企业需要从更加多元化的角度围绕消费者需求来提升产品附加值，做强自己的竞争力。在互生消费福利模式中，消费福利积分赋予了产品本身以外的附加价值，除了满足消费的基本需求以外，还能通过积分福利积累帮助消费者解决刚需问题。那么对商家来说，相对于应用了消费福利模式的企业，其他企业如果没有消费福利积分则很有可能流失客户，随着消费福利的红利月月分享，以及获得消费福利的消费者逐年增多，这种选择型消费将变成主流意识，甚至会演变成消费时就选择积分比例相对多的商家，以便快速累积获得消费福利。在经营中，传统的打折促销方式已

探寻新时代社会公共福利**支撑点**

经满足不了消费者的需求。企业只有寻求突破，利用产品附加值，才能满足消费者的多元化需求，增加产品的核心竞争力，从而让企业在市场中立于不败之地。企业利用消费福利卡解决消费者生老病医的后顾之忧和5000元的消费抵扣券展开福利促销模式，既给消费者带来更多福利，也保护了企业的利益，实现双赢。企业只要抓住有限的机会，使用互生的工具来提升产品的附加值，就能够突破经营局限。

用有限的价格消费来实现无限的价值。价格只是衡量商品价值的一个参考，就好比一个鸡蛋，价格就是这个鸡蛋最基本的食用价格，价值就像鸡蛋可以孵化的生命，有限的一个鸡蛋可以延伸出无限的生命体，这就是价值。市场上琳琅满目的商品也是如此，消费者不会因为商品的价格而消费，而是根据商品对自己是否有价值而选择消费。如何将商品的价值从表面的价格中释放出来，这是所有企业都需要思考的问题。用消费福利模式的积分来类比说明，商品通过绑定消费积分来促销，首先就超越了商品本身的价值，但这还不够，因为积分获取之后如果用于兑现就相当于把鸡蛋拿去吃了，只能一次性体现有限的价值，但如果选择积分福利来提升附加价值，就好比用鸡蛋来孵化生命，就可以实现消费者终身月月的分红和免费医疗补贴计划，这样就能释放消费福利积分的无限价值。为什么说有限积分投资就一定能

第二章 消费福利与兜底扶贫

释放无限的价值呢？因为在消费福利保障体系下，每天无数的消费者进行消费，将会产生零散但数量庞大的积分，每个积分就像一滴水，汇集起来就是一片蓝海，可以聚集力量针对健康的、待发展的行业进行投资。这将实现民心资本、货币资本、渠道资本、技术资本、消费资本的配套注入，帮助市场良性发展，这就是用有限的价格消费来实现无限价值的道理。

三、消费福利保障体系的建设

建立消费福利保障体系将实现循环经济体制的转型，在这个过程中的关键是先利用买卖竞争，通过资源整合和消费积分的分配来建立买卖互利的关系，通过买卖互利关系来实现循环的过渡与衔接，又通过积分投资分配来实现消费增值而拉动内需，将红利进行三次分配，让经济发展建立在以生产、消费、积分、积分投资分配、再消费的环境中，从而形成螺旋式良性增长的循环发展模式，在不伤及任何一方利益的前提下实现多方共赢。循环经济体制的形成，将把社会发展带入一个新经济时代、新秩序时代、新文明时代，对社会的和谐以及世界的和平有着重要的意义。

1. 初级阶段——福利来源于消费积分

消费积分是实现消费福利的第一要素。消费福利保障模式的基本

探寻新时代社会公共福利**支撑点**

构成单元是消费积分,消费积分的产生过程是互生大数据平台为企业提供服务,在消费者消费时给企业带来盈利的同时,由企业按消费金额的一定比例(1%~30%)自由给到平台的服务费,平台通过互联网大数据工具将其中的一半以消费积分福利的形式记到消费者的消费福利卡上,其他的按照格式化的比例分配。消费福利模式中这种跨行业、跨地区的消费积分汇集打破了商业体系之间的壁垒,实现了消费积分共享、消费渠道共享、消费资本共享、资源流通共享、平台业务共享五大互利互通的无障碍循环体系,具有商业积分运用的颠覆性意义。传统消费积分模式各行各业打造的都是独立的积分会员体系,没有形成真正意义的"消费积分大数据体系"。消费者手上一大堆的积分卡或App会员账号,里面用消费换来的积分只能抵扣或者换购礼物,价值意义不大,对消费者的吸引力也不足。消费福利模式的出现突破了这一难点,通过互生大数据平台的积分福利模式与各业务体系,将各行各业的消费壁垒打通,并且提供生存、养老、医疗等更有价值的附加值来吸引消费者,把市场零散的积分全部利用起来,形成一个具备万亿级"动能"的经济新引擎。所以,无壁垒的消费积分是实现全民消费福利的第一要素。

*消费积分是企业拉动内需的促销元素。*消费积分可以在各参与消

第二章　消费福利与兜底扶贫

费福利模式的企业间通用，实现企业跨界盈利，企业应用系统工具基本功能是免费提供，特殊需求升级使用，系统内打破行业壁垒，实现跨地区、跨行业，线上线下一体化使用，帮助企业最大化地共享消费资源，最大限度地自由组合促销方案。同时，由于消费福利本身就满足了消费者最大的刚需，无论单个企业还是商业联盟之间形成了强力的互补纽带，都可以通过调整消费积分的比例，以及积分与促销活动挂钩的方式来进一步吸引消费者，达到更好的促销效果。另外，消费积分终身有效，消费积分福利月月红利，增加了消费者的收益来源，解决了消费者的后顾之忧，增强了消费者的消费信心。消费资金流向消费市场，减少了投资市场的份额，缓解了供给压力，提高了消费需求。消费者消费要积分，企业促销产品通过积分为消费者创造福利，满足彼此需求。

消费积分是转换消费生产力的计算依据。在消费福利模式的规则中，消费福利卡是免费赠送给消费者的。消费积分是消费者通过正常消费，企业把给平台的技术服务费或者促销折扣用积分的方式登记在消费者的消费福利卡里。平台把超过最低标准的技术服务费或者促销折扣收益的50%分配给获得积分的持卡消费者，剩余的50%在企业、服务商、管理机构、技术支持的平台、国家税收等机构进行格式化的合

理分配，按照一个积分兑换一元人民币的同等比值来计算消费者的消费福利。在整个消费过程中，不设置任何门槛、不强加任何条件，消费者自由选择商品消费，企业自由选择积分比例，只需要在1%~30%给积分，不得超过积分比例。消费者在获得消费积分以后可以选择积分用处——流通购物或者投入消费福利池。流通购物与人民币等值转换应用，而投入积分福利池就不可撤销，只能享受福利红利。根据积分投入福利池的总数量结合福利享受标准，自动化享受福利分红和生老病医的福利保障。消费积分的投资与人民币的直接投资所带来的经济发展结果是不同的。根本原因在于消费者的收益是有限的，把有限的收益都用去投资了就会影响消费市场的购买力。如果消费市场疲软，企业生意不好做，就业出现问题，员工下岗，又会影响人们的收益来源，将使消费市场更加疲软而进入恶性循环。但用消费积分去投资就不同了，积分是消费产生，只有消费才有积分，人人都有消费，个个都捡积分，消费越多积分越多，积分投资越多，积分福利就越大，导入的方式是互利的，带来的经济发展模式是良性循环。所以，用积分来计算消费福利，积分是转换消费生产力的计算依据。

2. 中级阶段——积分应用形成福利保障

*积分收益的分配。*积分只有应用起来才能形成消费福利保障体系

第二章 消费福利与兜底扶贫

的基本框架，只有把消费积分用于企业进行投资，把消费和投资直接捆绑，才能实现商品价值过渡性分配的实际意义。就是这个过渡性分配把商业活动的意义彻底改变了，实现了剩余价值的三次分配。第一次分配，体现在劳动生产力的劳动报酬上；第二次分配，体现在产品价值实现时的消费积分上；第三次分配，是消费积分的投资与含权持股的持续分配上。三次分配是建立缩小贫富差距机制的基本保障。三次分配的形成是从劳动生产力分配到消费价值分配，再到剩余价值分配，然后又回到生产的循环经济链。在这个链每个环节上的企业与消费者都是互利的。在消费者获得好处的同时，企业获得更大的好处。两者从过去线型制度的两个极端，进入互生循环制度的一个互利整体。所以，消费积分的分配是实现三次分配的重要环节，没有消费积分的分配过渡，就不可能实现第三次剩余价值的全民分配制度。消费积分是消费福利统一的计算依据，每次消费后，企业根据自身促销情况自由选择一定比例消费金额1%~30%的让利折扣支付给平台，用积分方式登记在消费者的消费福利卡上，平台把收到的让利折扣按照50%分配给消费者，积分收益的分配如下所示：

消费福利卡号	00	000	00	0000
系统设置名称	高级管理系统	城市地区管理系统	托管项目系统	消费者系统
分配比例	10%	10%	10%	50%

余下20%的分配是：

（1）平台技术10%；

（2）国家税收6%；

（3）消费者的意外保障（过渡性的安排）2%；

（4）社会安全保障基金1%（见义勇为基金）；

（5）回馈积分企业的增值基金1%。

这样，消费积分就全部分配完毕，若要详细了解，可参考《互生经济学》。

积分应用的选择。消费积分福利是通过消费福利卡（或App对应卡号登录）来集成消费福利的应用功能，消费者可根据自身情况自由选择积分的应用。消费福利卡积分应用选择及功能简介如下：

（1）消费者免费获得消费福利卡。

（2）一个身份证号只能注册一张。

（3）消费福利卡双向通用（消费支付与积分）。消费福利卡内流通的是互生币，积分可1∶1兑换互生币，互生币可1∶1自由兑换人民币到绑定的任意银行卡账户。

（4）消费者可以通过积分投资来实现年年分红，积分投资的累计分红将解决消费者的后顾之忧和生存保障。

第二章 消费福利与兜底扶贫

（5）消费福利卡实名注册后即可获得卡里预存的"5000元"消费抵扣券。该抵扣券全国线上线下各行业互生企业通用，抵扣比例由企业自主设定。

（6）消费福利卡积分福利一：消费者的积分累计达到300分时，系统自动启动意外保障，赠送给消费者一年3000元的意外伤害医疗和6万元的意外伤害身故保障。

（7）消费福利卡积分福利二：消费者的积分投资累计达到10000分时将获得免费医疗补贴的过渡计划，在国家医保范畴自费部分最高补贴40%。

（8）消费福利卡积分福利三：低保人群在条件成熟时将享受互生的慈善救助、教育救助、养老救助、低保救助。

积分收益的兜底。消费积分通过格式化分配后，进入了不同的运用领域。为了平衡各领域积分运转正常，在积分运用中设有积分的兜底机制，来保障各个积分运用领域的健康发展，在此针对五个重要方面的积分运用展开兜底机制的解析，其余可参考《互生经济学》。

（1）关于平台系统收益的配置。

平台在消费积分分配中占10%，对这10%的积分收益做如下配置：

① 用其中的30%积分收益来确保平台的正常运营。

探寻新时代社会公共福利**支撑点**

② 用其中的20%积分收益来建立社会灾难应急储备金。

③ 用其中的50%积分收益来建立社会慈善救助基金。

互生必须坚持这笔基金的专用，不是人人都有而是给到最底层的贫困者。该基金专款专用，由平台慈善机构直接管理，不得委托第三方机构插足，但需要配合国家政府的最低保障。互生尽量把平台赚到的钱用到接济处于社会底层的穷人。互生系统平台积分收益中留有20%的收益用来建立灾难应急储备基金，在国家和人民遇到灾难需要支援时，将按需求计划支援，帮助各地区和人民减轻一点困难。这项基金也是专款专用，不可以作他用。

（2）关于2%的积分与意外保障。消费者的消费积分有2%将直接提取作为消费者的意外伤害保障基金的过渡，消费者积分达到300分时即可获得一年3000元的意外伤害医疗和6万元的意外伤害身故保障。在消费者的积分投资达到10000实现免费医疗以后，就不再享受意外保障。

（3）关于1%的社会安全保障基金。这是一笔匡扶正义的安保基金。社会的安宁不能仅靠政府和警察，而要全社会都参与进来共同维持社会的和睦。社会安全保障基金是用于在见义勇为中受伤或牺牲的英雄及家人的经济援助，专款专用。互生希望建立长效的安保机制，并纳入

第二章　消费福利与兜底扶贫

到社会发展模式中，形成一种社会化的制度，树立社会正能量的安全保障机制，为见义勇为的英雄及家人消除后顾之忧。

（4）关于"托管项目系统"的应用配置。

"托管项目系统"在消费积分分配中占10%，这套系统可以实现持续收益。全国有13亿多消费者，按照一万人口设置一套托管项目系统，中国就有13万套。怎样才能最大价值地发挥这套持续收益系统的价值，造福更多企业和消费者，这就需要科学选择他的应用机构。对这13万套托管项目系统的使用配置如下：

① 用30%的托管系统指标来搭建农创品牌运营服务体系，帮助地方构建产品销售渠道，让地方企业产品有稳定的销售渠道。按照省、市、乡镇的行政划分，配置4万套托管项目系统给到乡镇品牌运营商，4万个乡镇，一个乡镇配置一套托管项目系统，搭建一个普及全国乡镇的品牌运营服务体系，用托管项目系统的收益来保证乡镇品牌运营商、城市公司、省公司的销售渠道的稳定持续经营，为企业的产品销售保驾护航。

② 用60%的托管项目系统指标来建立社区服务体系，帮助社区物业升级，规范社区服务业健康稳定发展，打通社区创业、就业的瓶颈，满足社区居民生活服务需求，满足社区居民消费服务需求。社区

探寻新时代社会公共福利**支撑点**

服务体系建设也是按照省公司、市公司、社区管理的组织架构来搭建社区服务体系，配置8万套托管项目系统支持社区物业管理公司升级，从而保证社区服务环境的健康发展。

③ 用3%的托管项目系统搭建正道品牌运营体系，满足城市品牌运营机构的健康稳定经营，使之更好地服务品牌企业，杜绝假冒伪劣产品进入正道品牌渠道，建立品牌产品的销售通路，为品牌企业保驾护航。

④ 用3%的托管项目系统扶持非遗传承。

⑤ 其他方面应用了4%左右。

（5）关于"城市地区管理系统"应用的配置。

"城市地区管理系统"在消费积分分配中占10%，这套系统也可以实现持续收益，每套城市地区管理系统分别配置了99套托管项目系统和9999套成员企业系统，满足企业数字身份识别及交易应用。99套托管项目系统也就是99万消费者资源，但是按照区县行政区域建立公益服务机构，需要近3000套城市地区管理系统。所以，该系统中的托管项目系统只能够启动40%，才能满足一个区县一套"城市地区管理系统"的数量配置。我们通过使用这套系统在各区县设立公益服务机构的主要目的是协助地方政府完善社会公益服务建设，帮助需要帮助的人群，解决公

第二章 消费福利与兜底扶贫

益慈善的长期资金来源，同时通过"南北利益协调配置"帮助贫困地区的地方政府解决长期财政收益，保证地方政府的经济稳定。减轻地方政府的经济压力，把精力转移到为人民服务当中去。

3. 高级阶段——代代相保

消费福利的享受。消费福利是针对消费者享受的，包括第二次分配与第三次分配。

（1）互生第二次分配中的50%将实现消费者的生存与养老保障计划。消费者积分含权持股中的盈利分配有50%是属于现金分配，如何使用由消费者自己决定，可储蓄、消费、投资、继承，完全是个人的合法财产。由于这一项投资可实现年年有收益，这对消费者来讲是一笔固定的持续收益。所以可以起到保障生存的作用，加上随着时间越长，积分越多，积分投资越大，每年的分红也越多。

（2）在第三次分配中，消费者将积分投资，规定所有积分投资的股权不能交易，不能转让，不能继承，只能在本人在世期间享受，去世以后所有的积分投资无条件沉淀到消费福利保障池里，用于保本投资的保障资金，实现上代保下代，代代相保。互生积分的保本投资，是通过平均分配和死亡沉淀来实现的保本，所以，互生的积分投资采用的是一个自由选择的制度，可以直接将积分兑现金流通购物，也可以

探寻新时代社会公共福利**支撑点**

将积分投入福利池。一旦投入福利池就必须按照互生的福利享受规则执行，只有这样才能实现代代相保。

消费福利的平衡。为人民谋福利是互生系统平台永远的使命。互生平台坚持利益从哪里来回到哪里去的原则，用积分投资的部分收益来实现适度的保强扶弱，为营造全球化的和谐发展环境而创造条件。消费福利是根据不同情况来设定的，同时设有调节平衡的机制。比如消费者积分投资后先从盈利中抽取10%为医疗基金，在不同时期依据医疗基金池能否满足福利保障的需求，会适度调整比例；消费者30%定向消费基金的使用领域也会依据市场情况来进行宏观调控，优先选择健康的生活领域以及消费者积分投资的领域，保障经济的稳定发展；消费者获得的消费福利保障内容也会依据不同国家、地域的需求来设置，必须做到因地制宜，不走形式化才能更好地切合当地社会情况，帮助当地建立消费福利保障体系。社会在不断变化，消费福利保障体系作为社会福利保障的新型支持点，也必须随时调整来平衡社会关系，这样才能长久。消费福利管理平台是一个社会化的公众福利机构，一手牵起企业，一手托起消费者，志在搭建企业与消费者之间买卖互利的桥梁，并将消费产生的收益进行全社会格式化分配，为消费者谋福利，为企业实现持续盈利，为国家减轻负担。

第二章　消费福利与兜底扶贫

消费福利管理平台的解决方案是把消费者的收益来源，跳出劳动生产力的范畴，利用今天的买卖竞争争取单笔买卖的回馈，用积分的表现方式汇集货币资本，用技术手段帮助企业整合消费资源，建立长期的买卖互利关系，从而形成强大的消费资本力量。再通过市场的复合应用，一方面用在买卖交易上为消费者争取更多的积分，另一方面用在企业的股权投资上为消费者争取企业的股权分配，参与到企业剩余价值的分配中。平台把消费者的消费行为转换成一种消费生产力，利用消费生产力创造多次利益分配，通过多次利益分配增加消费者的收益，用新的商业规则重建分配制度，用新的商业规则和新的分配制度实现福利保障体系社会化，为全社会老百姓谋福利。

消费福利的依赖。消费福利是《互生经济学》阐述的重要内容，通过消费福利保障体系的建立，能够对国家社会福利体系起到必要的补充作用，促进提高社会福利的使用效果，增进经济与社会和谐发展。但更重要的是，消费福利保障体系可起到一个"兜底"的作用，尤其是让社会底层群众、普通百姓能够享受到生老病医的补贴计划。所以说，随着全民持卡填平了这些领域的"福利洼地"，让消费福利起到"定盘星"的"依赖"作用，让老百姓消费得放心、开心，有获得感、安全感，老百姓的消费潜力就会得到完全释放，对经济增长产生

探寻新时代社会公共福利**支撑点**

巨大拉动作用，实现国家扩大内需的战略。中国现有的社保机制是年轻时缴纳社保缴费，老了以后再享受，也就是后代人养前代人。但是随着社会老龄化的加剧，人口结构逐渐变化成倒梯形，年轻人的负担越来越重。特别是80后、90后这群人，大多是独生子女，组成家庭后既要赡养4位老人，还要抚育孩子，除此之外房贷、车贷更是让其压力倍增，这样的社会人口结构使社会保障缴费率和社会保障支出水平均不可避免受到影响。要解决这些社会问题，不仅要解决人民的生活后顾之忧，还要建立给社保制度补充完善的机制，实现老有所依，幼有所养，病有所靠。而消费福利保障体系的消费福利积分是不可继承的死亡沉淀机制，让上一代人的积分聚集起来为社会的福利保障做贡献，与现有社保机制形成上下互补，建全代代相保的社会福利体系。随着每一代人积分福利池的沉淀，到了消费福利模式运用的成熟期，可能将实现小孩一出生就享受全项福利保障，但这样的社会福利带来的不仅是优厚的物质基础，也非常容易滋生懒惰和过度依赖，导致社会进步缓慢。为了避免出现懒惰、颓废的思想，我们希望建立健全由各区县公益服务体系设定的义工方案，以适度的社会公益服务来提供建立年轻人相应的义工福利制度。

何开秀点题

和睦社区建设

实施社区服务项目,是专为社区物业管理公司量身定做的一套升级解决方案。

我们把有限的托管项目系统拿出60%的应用指标来构建社区服务体系的目的,是想通过托管项目系统的稳定收益来帮助社区物业管理升级,携手搭建社区服务的运营管理体系,支撑社区服务业的健康发展;围绕如何满足社区居民生活需求,如何提升社区居民的生活品质,如何提高社区居民生活的幸福指数,为社区居民提供创业就业机会,推出"和睦社区服务"的项目。项目框架分为三个部分:

一是技术支持部分。技术支持由五大系统支撑:企业数字身份识别与结算系统、服务业务操作系统、消费者积分福利系统、业务管理与监管系统、执业者操作系统。底层系统由互生系统平台来支撑，业务系统由和睦社区网络股份有限公司来支撑，各尽其责，完成项目的技术支持。

二是管理监督部分。分为和睦社区总公司、省公司、城市公司、社区服务站。全国 31 个省公司、334 个市级公司、8 万个社区服务站组成了和睦社区服务体系，为社区服务行业保驾护航。

三是服务项目的业务服务部分。含社区家政服务业类、社区养老服务业类、社区大健康服务业类，所有属于服务行业的企业都归类于服务项目业务部分。在服务项目执行层面又分为，服务业务项目公司，终端服务执业者，最后是消费者。

这是一套完整的解决方案，从框架搭建到运营管理、服务项目执行、后续跟踪，都是围绕着为社区居民提供更好的服务为宗旨，以为企业搭建服务桥梁作纽带，以为消费者谋福利为目的来完善"和睦社区服务"项目的工作。通过项目的全面实施，将解决以下的问题：

1. 解决消费福利卡的全民普及发卡及在网上和社区周边使用的问题。

2. 满足居民持卡在社区周边消费获得积分福利的问题。

第三章 和睦社区建设

3. 扩大社区居民就地创业、就业问题。

4. 增加社区居民兼职赚钱的路径。

5. 扶持服务业的健康发展，降低服务业的运营成本，规范服务标准。

6. 缓解服务业的用人尴尬问题。

7. 突破服务业用人体制问题，规避用人矛盾，完善职责责任。

8. 为社区物业管理增加收益来源，升级服务内涵，实现"去物业化"发展。

9. 为农村农业的好产品、品牌产品进入社区建立预售机制奠定诚信基础。

10. 为品牌产品建立销售分享模式，增加居民的参与性。

11. 为满足社区居民生活需求及升级需求奠定活跃的发展环境基础。

第三章

和睦社区建设

《中共中央国务院关于加强和完善城乡社区治理的意见》指出，城乡社区是社会治理的基本单元。城乡社区治理事关党和国家大政方针贯彻落实，事关居民群众切身利益，事关城乡基层和谐稳定。为全面提升城乡社区治理法治化、科学化、精细化水平和组织化程度，促进城乡社区治理体系和治理能力现代化，实现政府治理和社会调节、居民自治良性互动，要全面贯彻治国理政新理念新思想新战略，坚持以政府治理为主导、居民需求为导向、改革创新为动力，健全体系、整合资源、增强能力，完善城乡社区治理体制，努力把城乡社区建设

第三章 和睦社区建设

成和谐有序、绿色文明、创新包容、共建共享的幸福家园，为中华民族伟大复兴的中国梦提供可靠保证。和睦社区网络科技股份有限公司以《社区物业管理升级与服务业个性融合发展新路径》一书为理论依据，依托互生大数据系统平台，为房地产开发商公司提供转型方案，为物业管理公司提供升级服务和技术支持，为社区居民提供新型创就业机会，为社区周边商业提供发展平台，为和睦社区的建设与治理提供了新范本。

一、发展社区服务业的时代价值

发展社区服务业是一种基于客户资源再挖掘而产生的新的社区服务模式，宗旨在于读懂社区居民的消费主张，为业主营造一种追求幸福生活、和谐关系与心灵美好的生活氛围，目的在于拉动庞大的社区终端消费资源，实现社区、厂商、社区服务商的互利共赢，这样的模式在国内刚刚兴起，尚处于发展的初步阶段，它的经营理念和发展趋势是值得研究思考的一个课题。和睦社区以提供优质的公共服务为基础，利用各种管理方式和手段，提供多种社区管理服务项目及衍生性、延展性服务项目，特别是特色化的服务项目，为社区居民提供创业就业机会，发展周边服务业产业链，包括社区智能化管理、社区居家养老、社区生活服务、社区健康医疗、社区精神文明建设等。

探寻新时代社会公共福利**支撑点**

1. 科技与服务业的融合

科技赋予人性的关怀。自古以来，科技在人类的发展中起着至关重要的作用。正是因为有了科技，人类逐步登上了食物链的顶端。科技的力量不仅体现在人类的生活方式上，甚至影响着制度的改变，引领着社会的进步。但是随着科技水平的迅猛发展，人类以科技为主要牟利手段获取财富的同时，环境污染、安全隐患、信息泄露等问题伴随而来，甚至对世界的和平与稳定都产生了一定威胁。想要解决这些问题，就必须赋予科技人性化，让科技不仅仅是冷冰冰的工具而已。国家级高新技术企业互生科技运用科技的力量，通过资源的格式化整合，开发出了具有整合、锁定、增值、永续、分配、公平、金融、保障八大功能的互生系统平台服务于社会，应用积分分配和积分增值分配的纵横交互，满足资源的横向发展与纵向发展关系间的互利，让全民参与分享消费红利，实现消费者敢消费、想消费还有钱消费，进而实现拉动内需，解决经济循环发展问题、养老资金问题、免费医疗资金问题、企业用人成本问题、社会治安问题、低保生存资金问题、企业诚信经营问题、市场经济发展的平衡问题、剩余价值的合理分配问题、个人信用问题、国家政务管理问题等。

科技为人类社会创造价值。让科技赋予人性化，首先就要赋予科

第三章 和睦社区建设

技人性化的价值观,感知能力和情感,注入更多"非工具性"元素,使技术具有生命普遍特征。因为科技的根本目的在于为人类服务,为人类解决发展过程中所产生的实际难题,给人类带来积极正向的引导,为人类社会创造价值,使人类文明不断进步。互生秉承"以人民利益为首、以国家利益为重、以企业发展为本、以社会和谐为主"的理念,把互生的商业模式、盈利模式、分配模式、管理模式、运营模式都格式化地镶嵌在互生系统里,通过买卖竞争来构筑买卖互利的机制,通过买卖互利来做大市场,通过做大市场来重构企业股权,通过股权投资来改变分配格局,通过股权的利益分配来实现社会利益的全面互利,通过保护资本的发展来实现全民的互利保障,通过互联网和互生大数据实现数据中心管理与终端服务,为人类社会创造价值。

科技将是人类美好生活的依赖。科技的发展,时刻体现在人类的生活之中。从远古时期原始社会的人们发明弓箭提高打猎成功率,到现代人们通过不同的工具提高工作效率及生活水平,科技的影子随处可见。特别是互联网的诞生,更让人们的生活有了质的飞跃。以最近的科技应用为例,无人超市、机器人刀削面、智能扫地机器人等,越来越多的服务行业开始与科技融合。电话的出现让人与人之间的交流更加方便快捷,计算机的出现让烦琐的工作变得简单高效,互联网的出现让海量的信息都尽收眼底……在过去的一百年里，科技发展深刻地改变着人类的生活、工作和思维方式，成为人类文明进步的基础和动力，人们对科技产生了越来越高的依赖性。真正的科技是有灵魂、有生命、有温度、有情怀、有人性的，可以说科技完全源于人、依靠人、为了人，人既是科技的基础，也是科技的手段，更是科技的目的，在科技的研究、应用、推广中，主要目的是满足人的需求，这也是科技发展的动力。互生的产生是科技发展的结晶，创造美好的生活就要学会使用工具，互生系统就是企业的促销工具，经营工具，永久持续跨界赚钱的工具；消费福利卡是老百姓的福利保障工具，是脱贫工具，是老百姓美好生活的一份依赖。互生经济赋予了科技以人性的温度。

2. 创业就业观念的突破

创业与就业观念要突破。创业与就业是每个人步入社会后都将面临的问题。从传统的概念上来讲，就业是人到组织中去工作，服从组织的领导，创业则是人去创造商业组织，并领导组织的发展。总的来看，创业能带动就业，创业是解决就业的一种途径。一些人认为就业简单，没有风险，按时上班下班完成自己的工作就可以了，其他时间都是自己的，不用太伤脑筋，如果是这种思想在指导就业，相信一定

第三章　和睦社区建设

做不好工作，下岗只是迟早的问题。就拿机器人和人来做一个对比，机器人上班不要工资，不要吃饭，不要休息，充电即可，365天24小时都上班还不要加班费，任劳任怨、怎么设计就怎么工作，质量有保障且效率高；再说普通不用心的人，上班8小时（包括玩手机、打电话、回信息、上厕所、喝水……）出工不一定出力，工作5天休息两天，还有节日假期另外计算，有事有病还可以请假，工资、奖金、过节费、养老医疗五险一金一分钱不能少，如果你是老板会选择谁来做你的员工？我相信谁看到这些都会选择机器人，这就是摆在我们人类面前的选择。论思维、计算能力和操作能力，普通人已经被计算机超越了，所以传统的就业模式、工作机会遇到了前所未有的挑战。人类虽然跑不过马，但可以骑在马背上驾驭马，实现马为人服务，今天也要学会驾驭计算机、机器人，掌握和使用他们，使其为人类服务。现在许多企业的岗位已由科技代替，由此引发的失业浪潮将会愈演愈烈，大量的企业裁员告诉了人们一个不争的事实，就业已经不再是一个安稳的选择了。在择业观上，我们要摒弃一些虚假的清高，什么职业高人一等，什么职业低人一等，职业没有高低贵贱之分，只是分工不同，最高尚的职业就是为人民服务，人最需要的是人与人的关怀，这才是任何机器人都无法超越和实现的最高境界的职业。和睦社区根据就业与创业的特性，把两种不同的角色进行互补结合，采用自由选择型的就业模式来实现创业突破，达到创业的工作状态，规避创业的风险，满足自由的上班工作时间，选择自由的工作项目，推出各行各业的需求，比如社区家政全包服务、社区家政钟点工服务、社区家政专业培训服务、社区居家简单修补服务、社区生活类项目延伸服务等，只要能够提高人民生活的品质，满足人民生活的需要，社区服务都会去挖掘。

创业是最好的就业。创业是创业者对自己拥有的资源或通过努力对能够拥有的资源进行优化整合，从而创造出更大经济或社会价值的过程，而以劳动的方式获得报酬就可以划分为就业，因此创业包涵在就业内。创业就业问题是当前社会的一个难题，那么突破口在哪里呢？应是在服务业，未来除了科技含量高的项目以外，服务业将是用人最多的行业。但服务业发展也有人力资源成本高的问题，想要发展服务业就要解决人力成本问题，仅是依靠传统的"雇佣制"关系，无法从根本上将问题突破。如果将雇佣制关系改变成"合作制"，那结果就不同了。人们可以在服务业公司进行专业的培训，完成后考取执业资质，通过社区平台接到不同的任务订单，并且自行安排工作时间。这种自主创业形式能很好地解决创业就业问题，使创业成为最好

第三章　和睦社区建设

的就业方式。和睦社区把企业的项目经营规划放到组织培训、开拓业务、团队管理、处理投诉、研究需求等工作重点上，把终端服务工作优化成采用创业模式，交给执业者来完成，按照服务项目计算报酬，自由选择服务时间和服务项目去服务顾客，把就业服务工作模式融合成创业服务工作模式，把月薪制变成了时薪制，把固定的工资变成了全面绩效收益，多劳多得，自由发挥，没有上班时间限制，没有经营风险，自己为自己创业。

为自己埋单的时代。在人人追求个性化消费的今天，专属服务已经成为常态，我为人人，人人为我，每个人都在为自己埋单。在大数据广泛应用的高科技时代，很多东西会被迭代，很多矛盾会显现出来。就拿企业用人来说，最大的矛盾是企业找不到合适的人才，而大量的人才找不到适合的工作，加上用人成本提升，小微企业用不起人，中小企业不敢用人，大型企业自动化减少用人，高科技企业选择用人，自然就把大量的普通工人退回到市场成为闲置人员。过去人们没有广泛的信息来源渠道，只能从报刊等有限的信息来结合自身的经历、阅历进行创业的选择，如今，互联网的普及造就了一个信息发达的时代，每天接收到的各种信息，扩大了人们的视野，提升了人们的认知。常言说："三十年河东，三十年河西。"现在则是"三年河东，三年河西"。稍不留神，没有追赶上互联网的潮流，就会与其他人拉开距离。所以要抓住时代的机遇，打破传统的创就业观念，提升自身的能力，善用自己的特长，在合适的平台上自主创业，快乐择业，为自己的人生埋单。和睦社区让社区居民利用闲暇时间、碎片时间来参与创业，应用社区服务的创业机制，在家在社区就可以创业赚钱了。农村的农闲劳动力也可以进入社区参与创业服务，这样可以大大调动社区创业就业的活力，满足社区居民多样化、个性化的生活需求，提高大家的生活品质，在这里，为自己埋单成为一大看点。

3. 提升生活品质必须强化服务业

服务业的标准化。服务业是当代经济发展中用人最多的行业。加快发展现代服务业不仅可以增强城市综合竞争力，扩大就业，提高人民生活水平和生活质量，其本身也已成为新经济的驱动力，可以降低交易成本，提高经济效率，对推动经济总量的扩张和经济结构的调整，实现经济跨越式发展具有重要意义。现代服务业的发达程度已成为衡量一国现代化和国际竞争力的重要标志之一。健全的服务体系可以培育出更多的专业人员，提升整体行业素质及服务水平。和睦社区提供了良好的平台，开展服务标准化工作，为规范各服务行业市场秩序、提高服务质量、增强服务企业核心竞争力提供有利的技术支撑，

第三章　和睦社区建设

将不同的社区服务业机构整合在系统之中，各归其类，对加入的服务机构专业评定有着严格的标准，从规模、影响力、培训能力等多个方面进行评估。社区居民通过这些优质的服务机构进行标准化的培训考核，取得相应资质，以确保开展服务的执业人员整体服务具备高标准的水平，达到服务质量目标化、服务方法规范化、服务过程程序化。

服务业的个性化。消费步入个性化时代，不仅仅是经济现象，更是一种文化现象。无论人们的生活水平存在多大差异，都有独特的服务需求，而服务业的发展就应该不断去挖掘并满足人们的个性化需求。因此，才有了现在更多的个性化、定制化的服务如雨后春笋般涌现。个性化服务是根据用户的设定来实现的，依据各种渠道对资源进行收集、整理和分类，向用户提供和推荐相关信息，以满足用户的需求。从整体上说，个性化服务打破了传统的被动服务模式，能够充分利用各种资源优势，优化产业链，主动开展以满足用户个性化需求为目的的全方位服务。和睦社区平台所包含的个性化服务业务范围非常广泛，包括餐饮业、住宿业、家政服务业、洗染业、美容美发业、沐浴业、人像摄影业、维修服务业、再生资源回收业等。还包括商贸服务业、文化产业、旅游业、健康服务业、法律服务业、家庭服务业、育儿产业、养老服务业、房地产业等，每项业务均有详细的选项，将消费者的个性化需求尽可能给以满足。

  服务业的人性化。人性化服务就是以人为本，为消费者全心全意提供优质的服务，给消费者以人文关怀，从而有效地提高消费者的服务满意度，最终达到提高企业效益目的的服务。人性化服务是构建和谐社会的重要内容之一，做好人性化服务可以帮助服务机构赢得市场，树立良好社会形象。和睦社区网络科技股份有限公司作为一个社会化企业，理清了和睦社区的建设思路：一是和睦社区建设要坚持以人为本、服务居民、服务社会的宗旨。二是和睦社区建设要坚持以社区建设的"小实践"推动整个社会的"大和谐"。三是和睦社区平台会根据使用者的软件使用习惯，设定方式偏好进行数据采集与汇总，将符合广大使用者的使用方式进行迭代更新，让软件使用起来有更加人性化的选择。社区居民在日常生活中会遇到多种问题，且具有时效性，如果不能及时处理，将会造成很多麻烦及财产损失，例如家中水管破裂、煤气泄漏、家电失灵等一系列问题。除此之外，社区居民所需要的家政服务、养老服务、看护服务以及各种上门服务，都需要相关服务人员尽快前来解决。因此，和睦社区项目提出，以居民自身碎片化时间的充分利用，进行一键接单式的平台服务。只要居民有一技之长，或者愿意进行专业业务培训，考取执业资质，和睦社区项目将

第三章　和睦社区建设

为他提供移动终端接单功能，在社区居民有相关需求时，可以有偿帮助他们解决问题。在互相帮助的和谐关系下，还能增加自身闲暇时间的额外收入，多劳多得。通过人性化的服务，实现个体和谐、家庭和谐、邻里和谐、组织和谐、生态和谐。

二、社区服务是创业就业的大市场

社区服务业是在改革开放中发展起来的新兴社会服务业，正逐渐成为社会保障体系和社会化服务体系中的一个重要行业。现在居民个人对服务的需求越来越多，质量要求越来越高，"老有所养、幼有所托、残有所助、贫有所济、困有所帮"的预期值越来越高，孕育着社区服务的广阔前景。近年来政府不断出台福利政策，让社区成为就业"第一站"。只要人不懒、愿工作，社区就能给你提供工作岗位，让居民不出社区就能方便快捷地找到工作。很多社区还为就业创业者举办就业创业政策宣传、开展相关的创业服务、提供创业资金等，使社区居民就近享受优质高效的就业创业服务。和睦社区以挖掘社区生活服务需求为核心，以自主创就业接单为模式，在满足社区居民生活服务需求的前提下，使得社区居民们互帮互助增进邻里之情，并且良好地解决了社区创就业问题，为社区消费拉动了内需，扩大了市场份额。

探寻新时代社会公共福利**支撑点**

1. 以人为本发展服务业

*生活需求与服务需求。*社区是生活中各种社会问题的表现场域，这使得通过社区解决公共产品短缺问题成为迫切需要。当前我国城市居民社区公共产品需求有很多，如就业服务需求、子女教育需求、社会保障需求、社区环境需求、社区安全需求等，提供社区服务就要了解这些需求、差异，同时还要认识到这些需求不是一成不变的，而是不断变化着的。社会组织作为社会建设的重要组成部分，已经步入社会发展的中心圈，要脚踏实地、积极创新，拓展社会组织发展空间，吸引社会中更多优秀人才汇聚到组织中，为满足居民日益增长的多样化、个性化、多层次性的物质和精神生活需求努力。为了充分满足我国城市居民社区公共产品需求，贯彻以人为本、执政为民的要求，实现城市社区公共产品的有效供给，和睦社区项目利用互生系统平台的大数据支持，通过社区居民每次需求所产生的订单相应数据进行系统性的分析，形成隐秘的智能化数据统计，后续以此推送更加精准的服务业务。随着时间的增加，系统会更加了解居民的生活需求及服务需求。

*服务自己与服务他人。*自我服务和为他人服务是社区服务中的一个重要理念，应该从自身的感受出发，以人为本的服务需要先服务自己。从整体来看，每个人都是消费者，又都是被服务者，衣食住行，但凡所

第三章　和睦社区建设

到之处产生了消费，这里就是被服务的地方。而良好的服务意识往往会改变被服务者的满意程度，影响其消费意愿。因此我们可以假设被服务者就是自己，在享受服务的同时，要时刻想着如何更好地满足自身需求。设身处地与换位思考，让我们更加清晰该如何服务他人。许多的服务行业机构以入驻社区为主要市场渠道，满足社区居民的标准化、个性化、人性化服务，同时不断改进，使服务者不再是机械化、程式化的进行服务，而是注重沟通，了解居民的需求，时刻调整以达到满意程度。和睦社区项目的实施，让更多的人懂得了服务不仅是工作，更是一个让整个社会更加团结友爱的行为。有更多的机会体验服务者所要面对的种种困难，增强同理心，提升自我服务他人的意识，使社区居民整体素质水平得到提升，让社区邻里关系越来越融洽。

我为人人与人人为我。我为人人与人人为我代表着相互帮忙、相互帮助，不以自我利益为中心点，别人的劳动成果和思想果实我能得到分享，我的也能和其他人一块分享，大家是一个互惠互利不可分开的整体。在社会生活中，每个人都是服务者，同时又是被服务者，弄通这点，服务业最难的雇佣问题就好解决了。可以将社区中的服务业务通过互联网平台集中整合，使社区居民可以通过平台的业务体系进行互助式服务，由此减轻了服务业机构的人力成本，改变雇佣结构，

达到更快的服务效率，大幅缩小服务需求的响应时间。居民在帮助邻居解决问题后，将获得一定数额的收益回报，人情与酬劳两不误。并且在下次自己需要服务时，也能有人提供更多的帮助。真正形成我为人人，人人为我的良好社会风气。《互生经济学》中提出"利他才利己，帮助他人成就自己"的观念，这不仅是一种新型的商业思维，也是今后社会发展的必然趋势。和睦社区运用互生系统平台的消费福利模式以及积分激励机制，在社区居民互相帮助的同时，能解决自身的生存、养老、医疗等刚性需求问题。形成良好的经济循环体系，实现真正意义上的利他利己。

2. 社区生活服务业的春天

创业者的春天。创业需要一定的基础，如启动资金、业务渠道、人力成本、经营管理等，每一点都是成功道路上的一个障碍。和睦社区项目为创业者扫清了这些障碍，只需大家努力地服务他人，就可以达到预期结果。项目将专业的服务机构整合到和睦社区平台上，创业者可以凭自己的一技之长，成为一名自主创业者。经过服务机构的培训，考取执业资质，获得在社区内的一键接单权限。只要有社区居民发布需求订单，创业者就可以进行上门服务。接单时间自由安排，利用碎片时间、闲散时间来增加创收，多劳多得。因此省去传统服务中

第三章　和睦社区建设

前往工作地点的交通成本，提升收益率。和睦社区从创业成本和业务渠道上极大地方便了社区居民，让创业者零成本创业，创业就有业务订单，实现一分耕耘一分收获。各种技能均能在平台上实现其应有的价值，产生效益。时间自己调控，根据自身实际情况进行调整。依托互生系统的大数据支持，能够精准匹配到适合自己的业务类型，使其更积极工作。

家政业的春天。随着城市居民生活节奏的不断加快，中国家政服务市场越来越被看好，家政服务业已初具规模。众多家政服务公司和劳务中介服务公司如雨后春笋般出现于各个城市，有些甚至已形成一定品牌，服务范围日益扩大，内部分工更加精细，服务内容开始分级。"保姆"一词已被"家政服务师"代替。人们对家政服务的要求也日益规范化、专业化、系统化，为了适应这种要求，对家政服务师的专业技能培训就成为必然。现代家政服务已不再是简单的传统意义上的保姆和用人，而是一项复杂的、综合的、高技能的服务工作，所以对家政服务师的培训已成为家政服务的一个基本要求，也是家政服务师提高服务质量、服务技能的必走之路。家政服务师属于技能型人才，因此在培训家政服务师时必须以技能为主要突破点，即以技能培训为主，兼顾理论培训。家政公司目前还是小规模的比较多，服务人

探寻新时代社会公共福利**支撑点**

员配备不齐、人力成本过大、业务量小等问题比较严峻,通过和睦社区平台的自主创业合作模式优化后,上述问题均能得到有效地解决。和睦社区放眼于整个服务行业,针对人力成本大、难于管理、招工费力等核心问题提供了解决方案。让本身就具有相应技能的社区居民进行标准化培训,不用考虑其工资发放及人员管理问题,并且全时间段几乎都有人在接单,效率成倍增长,与此同时业务量也相应增加,事半功倍。

社区居民的春天。社区居民很多人有过这样的经历,家里电线短路、下水道堵塞、大电器损坏等一系列问题出现时,拨通物业公司的工作人员电话常被告知"明天上午能有时间,今天工人师傅们都已排满"。于是居民会将第二天上午的安排全部推掉来解决家里遇到的问题,更难的是很多居民第二天需要工作安排不开……这种尴尬的局面时常会遇到,主要原因是物业公司配备人员时要考虑成本,维修工人多成本大且不容易管理,维修工人少就会忙不过来。和睦社区平台将想要创业的社区居民培训成专业工作人员,无须为其承担工薪,并且人数完全可以满足整个社区甚至多个社区的服务需求。平台系统中有一项重要功能,就是能时刻查看服务人员的工作进度与工作状态,以及社区居民的服务反馈评价,在及时满足居民需求的同时,不断改

第三章 和睦社区建设

进，使服务更加优质。不仅如此，和睦社区项目通过消费福利卡的积分通用，为社区居民增加了一条消费赚钱的路径，再通过积分应用来完成消费福利保障和医疗费用的补贴，这样就实现了社区居民越消费，居民的积分越多，积分福利就越多，实现医疗有补贴、养老有保障、月月收益有增加，彻底解决了社区居民的后顾之忧，让居民们愿消费、敢消费、还有钱消费，拉动周边服务业生意，使经济进入正常循环发展的轨道。

3. 社区养老服务的空间

老年人的生活服务。老年人的生活服务包括供养和生活料理服务、医疗保健和康复服务、教育服务、文体娱乐服务及其他方面的服务。老有所养，一日三餐是老人第一需求，也往往是困难所在。当老人岁数大了，自己买菜、做饭不方便，忙于上班的子女又不能照料老人三餐，吃饭就成为一大难题。传统的保姆式服务，涉及保姆住家问题，很多家庭不方便为家政人员提供住处，并且难以融洽地共同生活。和睦社区平台通过居家养老板块，扶持社区养老服务业，为老年人提供社区内生活需求服务订单，免除独居或失能老人的吃饭之忧。考虑到老年人使用智能设备不熟悉的问题，完全可以由子女进行操作，为老人预约以享受服务。和睦社区平台包含社区养老的多种延伸

业务，比如居家养老产品智能化的支持服务、居家养老社区人工上门专项服务、社区居家养老外援对接服务、社区居家养老托管服务、社会养老服务、社区居家抱团养老协调服务、消费福利养老服务、大数据远程支持服务等。通过和睦社区人文养老项目的实施，积极挖掘养老需求和满足养老需求，使生活在社区中的老人都能感受到春天般的温暖。

  老年人的精神服务。对老年人精神关爱是养老服务的重要内容，是增加老人获得感和幸福感的重要抓手。社区老年人口的数量日渐增多，在他们的基本物质生活需求得到满足后，对精神文化服务需求不断增加。完善社区老人的精神文化生活不仅有利于提高社区老人群体晚年生活的幸福感，更有利于社会的和谐。养老不仅需要物质供给，更要精神赡养。老人也有社交需要，需要与同伴"抱团取暖"寻找精神慰藉。个性化养老服务受到越来越多老人及其子女的欢迎。社区定期举办各类学习班、文娱康乐等活动，可以促进老人之间、老人与社会的紧密接触。不仅如此，还能通过不同的兴趣爱好组建圈子，加入圈子，使老人重新燃起对美好生活的希望，活在当下享受生活。和睦社区引导老人走出家门，并为老年人提供丰富的精神服务，不仅有相应的心理疏导服务，还对老年人的文娱生活进行充实和丰富，使老年

第三章 和睦社区建设

人老有所乐,老有所学,老有所为。相同爱好的老年人在一起更多的时间是相互学习,相互切磋,如书法、绘画、厨艺、棋牌、太极、广场舞等。凡是有共同爱好的相聚一起共同度过人生时光,彼此间建立起交流、沟通、学习、切磋、互动的关系,以才会友,发挥余热,造福社区,提高自身成就感。

老年人的健康服务。中国已经进入阶段性的老年社会,这已经是不争的现状。随着社会的发展,老年人对于健康服务的需求内容也将会越来越多元化,从之前单一的医疗服务需求逐步向保健、医疗服务、健康管理、心理健康等多元化发展,从而引发包括保健品、医疗机构、老年人健康护理机构、老年人体检、老年人旅游等一系列养老产业的发展。另外,老年健康服务内容将随各式各样的需求进一步细分,高龄老人、单身老人、空巢老人、居家的病残老人等规模不断增大的各种特殊老年人群体,将会对社会提出更多的老年健康服务需求。健全社区医疗网络,使老年人小病进社区,大病进医院是解决看病难、看病贵的主要手段。大病进医院,小病进社区也是比较合理的医疗资源配置方式,社区医疗机构是预防保健、基本医疗、健康教育、疾病控制等社区卫生服务的主体。而对老年人来讲,定期的身体情况检查、饮食健康搭配、疾病预防措施等健康服务,需要及时地进行信息传递。所以，建立健康大数据管理中心，将老年人的身体健康状态数据进行定期汇集，通过系统的信息推送功能，让老年人对自己的身体状况能够做到及时了解，以便与医生及时沟通做出相应的治疗方案，或者让更多的老年人能够提前注意身体部位健康程度，对预防疾病非常有必要。另外，联合街道卫生服务部门、各大高校等社会专业助老资源，开展爱心敲门、入户义诊、生活照料、心理疏导等日常生活照料。

三、挖掘社区服务需求创新服务业务

在社区服务中，最难以把握、也最影响服务成效的，就是社区需求是否足够清晰、面向是否精准。创新服务业务，首先要满足社区居民生活服务需求的大方向，深度挖掘居民生活方面的需求，扩大服务范畴，提升服务品质，创造创业商机，提供就业机会，还要满足社区服务业发展的需求，为社区服务业的经营管理牵针引线提供方便。同时满足社区物业管理升级的发展需求，扩大物业管理的服务范畴，建立规范的社区服务管理体系，共同携手完善社区服务业在发展中的不足，突破资源间的壁垒，建立统一、规范、标准化的社区服务管理体系，完成智慧城市智能社区的共享建设。和睦社区通过技术方面的融合、运营管理体系的融合、社区生活服务项目的延伸发展、终端服务

第三章 和睦社区建设

的执业、满足顾客消费需求五个方面分别提供了相应的解决方案，开辟了社区物业管理升级与服务业个性融合发展新路径，满足了多方需求，实现了服务业务的创新。

1. 挖掘社区服务需求

*社区公共需求。*社区公共服务是指社区福利性、公益性的服务。一是面对全部社区居民的，包括安全服务、环境服务、文化服务、医疗服务等纯公共产品的供给服务。二是针对社区的特殊群体或弱势群体居民开展的包括助幼服务、为老服务、助残服务、再就业服务、外来人口服务和救助服务等准公共产品的供给服务。每种服务都包含很多具体内容，政府和社区组织应该尽可能从这些方面满足居民的需求。目前在社区公共服务供给与需求当中还存在一些不足，例如社区居民对自身需求的表达不充分、不主动，居民社区意识不强，对社区公共服务的参与度不够等。因此，要改善社区公共服务，促进供给与需求的均衡，就要鼓励居民充分表达自身需求，然后针对需求提供公共服务。和睦社区应用互联网大数据搭建了一个完整的社会公共服务平台，把社会资源、企业资源、企业产品以及消费者和消费行为都纳入数字溯源管理服务体系，通过互联网溯源系统来完成对各种资源服务的有效记录，全方位为社会提供科学的管理服务，用系统的标准化

探寻新时代社会公共福利**支撑点**

和格式化来建立社会的平等秩序，通过为企业提供正常的商业服务来完成公共服务平台的维护和社会福利的共享，最终实现社会有序的发展和有序的服务管理，建立起社会化的公共服务体系，为政府分忧，为人民谋福利，这也是建立公共服务平台的意义。

社区个性需求。现今社会高速发展，一成不变的社区服务已经不能满足老百姓的需求，这时，"创新"显得尤为重要。新时代的社区工作应积极创新，充分了解自己社区的"个性"，并将受社区居民欢迎的个性化做法加以总结提炼，形成制度。随着人们的需求不断增加，越来越多消费者更加看重个性化的服务，个性化需求前所未有地高涨。社区新零售、社区团购等新型社区经济模式，足以显示出人民对美好生活的需求不断攀升。比如，消费者在家门口就可以购买到新鲜的农特产品，满足个性需求，是通过互联网手机终端社区服务入口，贯通了一乡一品的农产品渠道，把好产品通过手机终端连接，消费者就可以在手机上完成自己选择的地方特色产品。同样的道理还可以在手机终端选择工厂为自己量身定做属于自己的个性化产品，满足自己的个性需求。

社区专业需求。随着社会的进步与发展，目前及今后的社区服务内容，不会停留在现有的居民日常所需要的商业和公共项目，如家

第三章　和睦社区建设

政、保洁、保安、餐饮、超市、美容、幼托、养老、文体、计生、医疗等。同时，由于社会的快速发展，新的矛盾不断产生，作为社会细胞的社区，必然会增加一些新的服务需求和原有内容的延伸需求，如对"空巢家庭"中老人的陪护、老年人身心保健服务、高级家政服务、婚姻家庭问题的咨询与援助、优生优育的系列服务、学生的课余教育和辅导服务、人际关系心理辅导、理财顾问、残疾人帮扶问题、社区生活方式更新及社区文化建立等。这些新的和潜在需求的产生，对专业人才需求的迅速增加，相关的培训工作也需要政府或有关部门予以监督指导，进行必要的资格认证。目前社区在专业服务方面面临着许多问题，存在服务市场不够规范、培训工作不到位、规范监督机制缺失等问题，居民因此不敢接受服务，严重影响了行业发展和居民服务需求的满足。和睦社区通过扶持项目公司来完成社区服务的业务挖掘、培训、经营，通过社区物业管理来维护社区服务的环境建设，监督服务的健康发展，督促投诉处理的快速完成，协助项目公司执业者的社区团队管理，为社区服务执业团队降低创业成本，形成互助合作共创佳绩的协作融合，实现共赢。因此大大增加了社区居民的安全感和信任度。

2. 探索社区服务管理

社区服务行业垂直管理。社区管理和服务的水平反映一个国家的行政管理水平，反映一个国家的文明程度，反映一个国家国民的基本素质，也反映了一国居民的根本需要。政府对公众的各方面的服务最后会通过社区工作得到具体体现，如市政建设、公用事业、居住环境、医疗保健、养老保险、生活服务，尤其是将来社会保障福利体系等，最后都会通过社区管理来实现。我们提出社区服务行业的垂直管理是希望通过三方互助携手配合来搭建服务行业的垂直服务体系，为服务行业清理运营障碍，疏通行业服务的管道，减少不必要的关系协调，减轻服务行业的运营负担，划分清晰各方的责任，让服务行业健康可持续发展，更好地服务于社区居民。具体操作：一是技术方面，由专业的技术机构来承担技术支撑，建立健全技术的全面对接，方便用户使用，减少不必要的技术浪费，过滤劣质技术平台的市场祸害，还消费者一个可信的技术市场，技术方面由技术部门垂直服务。二是社区服务管理体系，在社区服务的业务植入和业务监督管理上，将通过社区物业管理公司的升级来完成社区服务的监督和管理，充分调动社区物业管理的积极性和参与性，在为社区物业管理增加收益来源的同时，完善社区服务的全面规划，搭建社区服务管理的监督体系。三

第三章　和睦社区建设

是服务项目，在服务行业的项目上大力扶持服务业企业，为他们降低门槛，清理障碍，疏通渠道，培育市场，培养创业队伍，引导社区居民参加服务队伍开展创业，同时也积极参与服务消费。服务项目也按照行业垂直管理的模式，建立业务培训、业务发单、业务接单、业务执业、业务服务完成的垂直服务运行体系，实现在一个运营体系的操作上各行其道、相互监督、相互牵制、相互帮助、相互扶持、互惠互利。

社区服务行业横向管理。新型社区在管理中越来越强调"横向到边、纵向到底"的管理模式，避免管理"真空"和盲区的出现，打通服务百姓的"最后一公里"。和睦社区把三方机构整合在一个服务平台上实现"横向管理"，建立分工合作的共享模式，按照技术支持、市场推广、监督管理、项目运营、终端服务进行融合捆绑，把业务流程进行格式化分工，由技术支持机构负责平台技术支持，由资源优越的机构来完成市场的推广工作，把社区物业管理升级并完成监督管理，由服务业的项目公司来完成社区服务的项目开发，由社区创业者来担任社区执业者，各负其责，各就各位，目标统一，收益共享。物业管理公司负责数据的收集、系统的管理、服务机构的筛选、居民消费引流等工作。服务机构负责职业团队的培训、管理、监督等工作。

系统供应方负责系统维护、技术支持、制度数字化应用等工作。创业者通过专业培训申请执业资质，进行高品质的服务。四个方面各司其职，相辅相成，缺一不可。并且通过平台的利润分配系统，将各方收益进行格式化分配，产生经济效益后的收益秒结到各自账户，实现全程自动化，人为无法干预。社区服务行业横向管理畅通了居民的诉求渠道，缩短了服务百姓的距离，促使社区服务业变"被动"为"主动"，让居民事有处办，难有处解，达到服务百姓零距离。

社区服务执业团队管理。社区服务是以社区为单位开展的社会服务，是一种便民、利民服务，是一种为提高社区居民生活质量、有偿和无偿相结合的社会服务。社区服务执业团队的组成是参加社区服务的社区居民，社区中的居民都可以成为一名自主创业者，参与专业服务机构的培训考核，获得执业资质，成为和睦社区中执业团队的一员。服务机构可以根据执业人员的订单数量、居民满意度评价进行相应的评选，设立奖励机制，吸引更多的居民成为本机构执业人员，组建职业团队。这样做是因为一个社区中服务机构可能不止一个，入住和睦社区后依然要用心经营，进行良性竞争。服务机构还可以根据自身能力，开展多个社区业务，充分发挥连锁经营的优势，塑造服务行业的领先品牌，引领服务行业更好的发展。和睦社区对于业务项目公

第三章 和睦社区建设

司有着人性化的管理选项，企业可以通过业务系统的服务科目设置来选择公司服务的内容，组织相关的业务培训和团队建设，特别是针对一些冷门手工技术的业务服务可以扩大培训教育面，让执业者获得更多的技术培训和项目培训，让更多的人参与到个人创业的行列中来。企业还可以根据项目公司自己的业务组织能力来选择服务范围和服务区域，系统完全采用自由选择的方式完成项目服务的配置，可增加可减少。执业者的不同业务可以跨公司合作，终端服务是服务平台的核心，终端服务存在双边需求的满足，一个是消费需求的满足，一个是工作量的满足，没有消费需求就没有工作量，终端创业者就没有业务，整个链条上没有交易就没有收入，所以根据个人的时间安排、技能特长、交通方便，可以自由选择项目公司的服务业务和服务范围，但在同一个区域的同一项业务不可以跨企业服务。

3. 满足社区和谐需要

满足居民生活需求。当前城市社区服务需求内容十分丰富，既包括面向弱势群体的社会福利服务需求，也包括面向全体社区居民的便民利民服务需求。针对不同的服务对象，社区服务内容的侧重点也会有所不同。对于社区中的老年人，服务需求主要包括日间照顾与护理服务、居家养老服务、文娱活动服务、社区老年大学服务、临终关怀

服务等；针对社区的青少年，服务需求具体包括学业辅导服务、兴趣班需求、非上学时间的托管服务、青少年权益保障服务、心理辅导服务等；针对社区中的残疾人，服务需求主要包括职业技能训练服务、就业帮扶服务、日常生活服务等；而针对社区中的中青年，服务需求主要包括婚姻服务、健康服务、就业帮扶服务、权益保障服务、家政服务、物流配送服务等。如此丰富的居民生活需求，需要依托强大的集成系统平台来做数据支撑及技术支持。和睦社区可以将全部需求服务集合到系统平台中，更好地满足居民需求。另外，和睦社区还将五大基本需求项目进行了延伸，包括社区家政服务业的延伸项目、社区大健康产业的延伸项目、社区居家养老业的延伸项目、社区智能化环境建设的延伸项目、社区精神文明建设的延伸活动等。不同的时代演绎出不同的生活需求，现在是无法全面设想未来的，但只要能够做到与时俱进不断挖掘需求，就不断有创新业务和不断的升级空间，也就有不断的商机出来。

满足社区发展需求。中国的社区服务从无到有，从最初的街道居委会办的便民利民服务项目，到目前社区服务在向社会生活的广泛领域延伸，在内容、手段、机制和质量上都有了很大的提升。但是，就社区发展而言，还有许多可发展空间。如社区失业居民、残障人士、

第三章　和睦社区建设

退伍军人的创就业问题，社区服务业机构及周边消费行业的多元化发展，社区居民精神文明建设及普法教育，物业管理公司的升级，社区居民的福利保障体系完善。这些都是社区发展的重要需求方向。和睦社区希望通过与社区服务业的融合，进一步推动社区的整体发展。融合发展在今天大数据时代非常重要，抱团取暖共图发展，取长补短，把自己擅长的垂直发展，用他人之长补自己之不足，这才是融合的根本，并且也是满足社区发展需求的重要一环。和睦社区服务项目的解决方案满足社区发展需求，力求能够解决五个问题：一是为社区居民生活提供完善的业务服务，改善居民生活、服务条件。为社区居民提供智能化、专业化、分工明细的生活需求服务。二是为社区培育专业服务队伍，计划建立8万个社区服务站，并配合各业务公司的服务业务，培育专业化、系统化的服务队伍。三是建立社区销售网点，为农特产品建立社区销售网点，为农创品牌运营项目一乡一品进社区打造"产供销"一体化服务。在方便并满足居民生活的同时造福农民。四是挖掘创业就业机会，满足广大居民创业就业的需求，在各个社区开展创业就业的组织工作、管理工作、培训工作，为社区居民提供更多的创业就业机会。五是能够共享社会福利，打造和睦社区、创建和谐社会、共享美好生活。

探寻新时代社会公共福利**支撑点**

满足社区和谐需求。社区是社会的细胞，社区和谐是社会和谐的基础。构建和谐社会应当把构建和谐社区作为重要切入点。而和谐社区的基础则是社区居民的邻里和睦、友好相处。所以和睦社区项目希望以物业管理公司为中心枢纽，搭建和睦社区系统平台，尽力满足社区和谐的所有需求点，努力把社区建设成为管理有序、服务完善、环境优美、治安良好、生活便利、人际关系和谐，各个社会群体和谐相处的社会生活共同体。和睦社区服务项目与居民群众息息相关，面对这一大变革、大商机和大选择，和睦社区网络科技股份有限公司会用新思路、新方式、新手段推动这一惠民工程，严格按照既定工作方案逐一落实，建立起设施智能、服务便捷、管理精细、环境宜居的和睦智慧社区。和睦社区呼吁全国社区行动起来，用自己的消费把福利捡起来，建立自主的社会公共福利平台，为国家分忧，为企业解难，为我们自己谋福利。只有行动起来，参与进来，消费积分捡起来，构建自主的生存、养老、免费医疗补贴计划的社会化保障机制，未来才能由自己做主，并拥有后顾无忧的幸福生活。

何开秀点题

农创"一乡一品"

农创"一乡一品"项目是按照市场需求,结合地区特色文化和农特产品,打造乡村文化品牌和推广农特产品,推进乡镇本土特色农产品快速市场化、规模化、产业化和品牌化。

我们把有限的托管项目系统拿出30%的应用指标来构建"一乡一品"的乡镇品牌服务体系,是想通过托管项目系统的稳定收益,为农村的经济发展搭建农创品牌的运营体系,帮助农村建立农产品的品牌服务体系和产品销售体系,成立农业项目的可行性对接及实施的执行机构。为了响应国家乡村振兴、品牌强农的号召,农创品牌运营股份有限公司围绕如何推进农业农村的健康发展,如何满足农民的生活需求，如何增加农民的收益来源，如何提高农民的生活质量，如何增强农民生活的安全感，如何让农民种田有收益、看病不要钱、养老有保障、天灾有兜底等项内容，推出了一乡一品运营项目，做好农业农村的产品服务。主体框架分为三大支柱体系：

一是技术支持体系。技术支持体系由七大系统组成：一、企业数字身份识别与结算系统。二、企业业务操作系统。三、消费者积分福利系统。四、品牌管理与监管系统。五、商品交易系统。六、互源码商品溯源销售系统。七、商品代理与分享推广系统。底层系统由互生系统平台来支撑，业务管理系统由农创品牌运营股份有限公司来支撑，各尽其责共同完成项目的技术支持。

二是品牌运营服务体系。分为农创品牌总公司、省公司、城市公司。省公司和城市公司主要负责农业农村项目的下行落实，前期协助推进一乡一品的乡镇品牌运营商队伍建设，后期将组织专业机构针对农业农村的项目进行具体的实施，如土壤改良、科学种植计划、大面积种植项目等，为本地区农业农村发展，配合市场需求和国家战略计划而落实实施，起到具体的示范的作用，尽到具体实施的责任。

三是乡镇品牌运营体系。乡镇品牌运营商，一个乡镇一个，全国4万个。乡镇品牌运营商是专门负责本乡镇产品品牌的塑造，品牌销

第四章 农创"一乡一品"

售,地方品牌推广,产品品质把关的专业机构,主要职责是为家乡代言,为家乡宣传,把家乡的产品推广出去,销售出去。

这是一套完整的解决方案体系,从框架搭建、运营管理、产品品质把关、相关资质审核,以及品牌溯源到产品销售,都是围绕着为农民创造福利,为生产企业搭建销售渠道,让农民种田有收益等关键点,通过消费福利模式,使农民种田有福利、土壤改良有福利、种植好产品有福利、销售好产品有福利、消费还有福利,让农民真正地过上无忧无虑的有尊严的小康生活,永离贫困。通过项目的全面实施,将为农业、农村、农民解决十个方面的问题:

1. 解决农民免费领取消费福利卡及使用问题。

2. 为农民提供通过改良土壤、科学种田、种植好产品都能够获得积分福利的问题。

3. 增加农民的收益来源,解决农民的后顾之忧,实现农民的永久脱贫。

4. 扶持农民增强品牌意识,在农产品生产中注意品牌塑造、品牌保护。

5. 为农产品打开市场并建立长期稳定的销售渠道。

6. 为农业、农村的经济发展培养集团军力量。

7. 让农村好产品进入社区的网上销售、网下销售、预定预售。

8. 整合4万个乡镇品牌运营商和8万个社区服务站的力量，贯通产品销售渠道。

9. 为农产品销售配置代理商和分享销售系统，增加创业商机和就业机会。

10. 为农产品应用互源码溯源使产品链接源码销售。

不过要指出的是，农业农村的发展不能只顾及自己的眼前利益，需要用大视野长远规划、全球规划农业发展，因为我们都生活在同一个地球上，全球化是必然趋势，只有站得高才能看得远，为此，我们将通过五大举措来实现既定目标。

一、大农业的联盟发展。我们要站在全球农业发展的制高点，用全球化的视野统筹农业规划，量化农业生产。进行科学种植、养殖，形成国际性的产业优势互补而不是竞争趋势。在满足"民以食为先"的基础上，保障地区市场的供应，区域市场的供应，谋划全球市场战略。让农民种出财富、种出健康、种出保障，最终达到满足各国农业发展的需求，农民创收的需求，产品销售的需求。

二、大流通的网络覆盖。充分利用国内外农业资源和市场资源，参与农业国际分工与交换。集合各地区众多的第三方服务平台，形成

第四章　农创"一乡一品"

互联互通的购销服务体系与地面服务网络，实现网网相连的共享大联盟，实现产供销联盟，全球城乡全覆盖。满足地方供应、地域供应和全球供应，发挥各地的流通资源优势，打通流通的瓶颈，实施资源共享。达到优化农民资源配置，增加农产品有效供给，增加农民收入，实现农业可持续发展。

三、大创业的帮扶计划。大农业、大流通在实施过程中将产生大量的商机，为大创业提供了必要和可能。为了扶持年轻人创业，我们整合各种机构，针对不同的商机提供不同的创业帮扶计划，有项目支持、培训支持、资金支持、管理支持，不仅仅是进行创业，更要实现创业成功。通过大农业和大流通，完成资源整合，汇集大量商机，提供更多机会，满足市场创业需求。

四、大消费的福利保障。没有消费就没有企业的买卖，就没有经济的良性发展。通过消费福利保障模式和对穷人也有利的循环经济体制，解决消费者后顾之忧，实现消费者想消费、敢消费、有钱消费，从而培育消费市场的购买力来拉动内需。通过消费福利保障体系的运营，让社会充满互爱，充满互利。建立互利共赢的经济体制，重构市场经济新动力，推动全球经济向前发展。

五、大扶贫的精准扶贫。以消费积分福利来实现精准扶贫与永久脱贫。通过消费福利模式来实施针对贫困人口、贫困户的精准扶贫。进行慈善救助、领养救助、帮扶救助，达到永久脱贫。建立健全社会化的新型保障机制服务世界人民，打赢脱贫攻坚战，为全球减贫事业做出贡献。

为了让地球上的人民都能够有尊严地生活，我们必须摆脱贫困，发展和谐经济，维护世界和平。

第四章

农创"一乡一品"

《农业农村部关于加快推进品牌强农的意见》指出,品牌强农是经济高质量发展的迫切要求;是推进农业供给侧结构性改革的现实路径;是提升农业竞争力的必然选择;是促进农民增收的有力举措。要重点培育一批全国影响力大、辐射带动范围广、国际竞争力强、文化底蕴深厚的国家级农业品牌。农创一乡一品项目以《县域经济可持续发展十二解》为理论指导,以消费积分福利保障为模式,以打造一乡一品为重点的经济实体,筑牢品牌发展基础,构建农业品牌体系,完善品牌发展机制,挖掘品牌文化内涵,提升品牌营销能力,增强品牌带动产业发展,推动农业全面升级、农村全面发展、农民全面小康。

一、农村农业发展的品牌趋势

品牌是重要的无形资产，品牌化是农业市场化与产业化进程中的一种必然。作为农业现代化的核心标志，农业品牌化是中国农业产业转型升级不可逾越的选择。当前农业发展进入了新阶段，核心任务是实现农业高质量发展。要增强品牌意识，提升品牌建设水平，通过坚持不懈的努力，力争使农业品牌规模、质量、含金量、影响力都有较大幅度的跃升，促进农业增效、农民增收。农创一乡一品把农业品牌建设放在突出位置，以"安全、优质、绿色"为基本要求，深入实施品牌强农，加快推进农业由增产导向转向提质导向，创新推动农业品牌建设，通过科技创新、生产经营方式创新、营销方式创新等，提升品牌科技含量，增强品牌的竞争力，力争形成多层级协同发展、规模化生产、集约化经营、多元化营销的现代农业品牌发展格局。

1. 挖掘地方产品

挖掘地方特色产品。特色产业是一个地方在长期发展中利用特有的资源而形成的具有本地特色的产业。这样的产业往往具有历史性、地域性、独特性。中国是农业大国，有悠久历史和多样的文化，并且幅员辽阔、物产丰富。分布着3000多个市县、4万多个乡镇，几乎每个市县和乡镇都有自己的特色物产、手工艺品或文化产品。随着2018年

第四章 农创"一乡一品"

《中共中央国务院关于实施乡村振兴战略的意见》出台，各地都在大力推进这项工作。农创一乡一品项目将组织培养地方专业人才，挖掘地方独特的资源，发展地方的特色产品，应用互联网建立品牌运营服务体系，帮助地方销售产品，借助互源码信息工具（这里说的互源码是指由互生系统平台推出的一组互生数字号码，它通过一组数字串把企业与企业的产品进行了溯源管理，通过产品的溯源连接并结合溯源交易结算实现了产品走到哪里、广告做到哪里，销售连接推到哪里，让品牌企业掌握了市场的主动权和市场产品的定价权，彻底解决了冒牌问题，迎来以产品品质说话的营销时代。）做好产品的品牌效应，讲好家乡产品故事，丰富产品内涵，打通产品的销售渠道。

挖掘地方传统产品。在中华文明的历史长河中，祖先留下了很多宝贵的财富。很多传统文化和手工艺一直流传至今，如丝绸，瓷器等传统手工艺及非遗产品都流传至今。中国地域广博，民族众多，拥有多姿多彩的非物质文化遗产，其涉及不同地域和民族独特的生活方式、风尚习俗和风土人情，是华夏五千年历史的"活化石"，是农耕文明的"基因库"。地方传统产品是地方独特的名片，正因为独特才要倍加小心呵护，品质保障是核心，品质保障需要有品质标准，如何建立地方特色产品的品质标准和做好品质标准执行的落实，是需要给

予足够重视的。许多地方传统产品可以说基本上还处在粗加工的层面，没有进入深加工的环节，所以可挖掘的空间非常大，要继承和发扬传统的加工工艺，也要不断推出新的深加工配方工艺，要让年轻人重视这个领域的创新发展，同时，大量培养自己家乡的本土人才，除了传统工匠人才，还要培养新型互联网应用人才，品牌塑造与品牌运营人才。

挖掘地方历史传承。中国是四大文明古国之一，历史之悠久众所周知，从奴隶制到封建制，再到社会主义，甚至在奴隶制之前存在的我们所不知道的那些历史，都是中国悠久历史的象征。其实，历史文化传承就是继承先进的历史文化，推陈出新，不断发展自己的文化，使之不仅能得到继承，还能得到发展、丰富。地方历史传承包括很多内容，如工艺传承、非遗传承、小吃传承、文化传承、故事传承等。此外，很多地方都有独特的历史传统民俗节日，如泼水节、火把节、长桌宴等，结合现在互联网及线上直播等方式让全国各地的用户也可以体验到传统的民俗活动，达到传承，推广和宣传的作用，并带动当地的旅游，特色产品，手工艺品等其他衍生特色产品的销售和旅游消费的拉动，从而推动经济的发展。一乡一品目的是打造地方特色，传承历史文化，利用产品物媒把历史文化故事展示给消费者，让消费者

第四章　农创"一乡一品"

在使用产品的过程中,更是一种体验式的享受,通过物媒信息品味家乡的味道,品味人文故事,品味地方特色。通过物媒信息传递的方式帮助企业真正打造出不一样的品牌和特色文化。

2. 讲出地方故事

讲述地方传说故事。中国故事源自中国文化,盘古开天地、女娲补天、大禹治水等故事都是流传下来的传说故事,代代相传,沉淀了今天的中国文化。在祖先流传下来的传说故事中,其中以稻米为中心的农业生活方式是一个极其重要的部分,稻米文化中就有很多有趣的,故事和传说。善于讲故事的人同时也懂得通过故事将宝贵的经验和为人处世的道理传承下去,故事中可以涵盖需要传播的信息,并且有逻辑、有代入感地串联成一个整体,使大脑更好地形成记忆,所以讲故事是形成消费者"心智概念"的捷径。由于故事会留有许多想象空间,顾客会结合自己熟悉的"心智概念"进行联想理解,更容易吸引顾客产生情感共鸣,增强产品品牌影响力。讲故事是最好的塑造产品品牌的方式,通过故事最能让消费者记住这个品牌的内涵以及所表达的文化。讲故事,就是一个推广的过程。好的产品,如果本身赋予好故事,那推广起来就比较轻松,能引起共鸣的故事更是能引起病毒式传播。比如大家耳熟能详的橙子品牌——褚橙,它背后的故事让

"褚橙"成了名副其实的"励志橙"。农创一乡一品项目充分发挥当地资源优势，挖掘地方传说故事，在此基础上开发与培育出市场所需要的特产品牌，并讲出特产在独特味道、工艺特色，历史人文方面的故事，再通过各种载体、形式进行有效的品牌宣传、推介，将农产品品牌的文化即农产品品牌的价值观传递给消费者，使大家对该县域的特产品牌产生信任与忠诚，进而形成特产的品牌效应。

讲述地方历史故事。每一个地方都有不同寻常的历史故事。要深知地方历史渊源，挖掘地方文化精髓，去粗取精，讲好地方历史故事，传播地方先进文化。中国有很多地方都出产"贡米"，贡米是中国古代封建社会时期由盛产稻米的地方经过对本地优质稻米精心挑选而敬奉给当时的皇帝享用的大米，也称作御米。是对当地稻米的最高褒奖。如宁化河龙贡米、重庆酉阳花田贡米、湖南的鱼泉贡米、湖北的竹溪贡米、京山桥米、梁港贡米，东北贡米、湘中贡米、怀远白莲坡贡米，江西的万年贡米、宁夏的叶盛贡米。其中湖北竹溪的"贡米"让人印象最深刻。因为它的故事不同于传统"贡米"的故事，根据现代科学检测，竹溪贡米的营养成分高于普通的大米。因为含有丰富的营养成分，竹溪贡米不仅吃起来爽口，而且还有保健功效，成为久负盛名的竹溪名优特产。从2008年开始，竹溪县中峰镇以彭峪沟为

第四章　农创"一乡一品"

核心,发展贡米产业,精细加工贡米系列产品,受到消费者的青睐,还在第五届农业博览会上获得金奖。加上竹溪贡米美丽的传说,为竹溪贡米增添了传奇的色彩,赋予了文化的内涵。而优良的贡米品质,也铸就了竹溪贡米的良好声誉。农创一乡一品品牌运营商都是一个地方的代言人,担纲着把地方的特色亮点呈现出来,把地方的历史故事、当前故事、特产故事等讲出来,把地方的声音传播出去,传承优良文化的重任。

讲述地方民族故事。中国各民族在数千年的迁徙、贸易、婚嫁、交融中,形成了你中有我、我中有你,交错杂居、共生互补的格局,孕育了团结友爱的宝贵传统。作为一个多民族组成的国家,在少数民族聚集地区存在着许许多多带有强烈民族特色的手工产品以及非遗文化产品等。但是由于缺少市场运营、合理规划、先进理念、专业团队和文化,随着城乡差距的增大,农村人口逐步向城市转移,许多民族地区的特色产品及文化随着世居者外流逐步消失,经济也逐步陷入困境,有些地方甚至成了贫困地区。但是,也有一些地方特色产业通过坚持特色发展,走出了创新发展之路。由国家互联网信息办公室、国家民族事务委员会、央视网策划制作的系列微视频《40年:来自56个民族的家国故事》生动展示了改革开放40年来中华民族在复兴之路上取得的翻天覆地的、历史性的、根本性的伟大成就。通过56个"小家"的幸福故事折射出中华民族"大家"的辉煌历程，自信地向世界讲好中国故事。农创一乡一品项目的运营把乡镇的人文历史、民族文化和创业资源进行整合，结合线下社区资源及线上企业自营、抵扣专区、品牌渠道等渠道资源，为乡镇品牌的发展提供"产供销"一体化的解决方案，提供规范、有序、有活力的一乡一品地方品牌打造与技术支持，打造建立以地方传统产品、人文风情、民族特色、历史传承为亮点的"一乡一品"品牌运营体系，用品牌运营推广来帮助当地经济实现健康持续发展，通过一乡一品手机App，全国各地可通过讲述故事的方式将地方特色产品推向全国各地。

3. 塑造地方品牌

塑造地方特色品牌。特色品牌作为产品的重要附加值，不但能提高产品形象和知名度，还能提升产品溢价，增强其市场竞争力。现在，人们的品牌意识不断增强，品牌农产品的需求也与日俱增，在消费升级的背景下，品牌成了质量的保证，由此便滋生了品牌农业。地方品牌特产是具有独特品质、花样或味道，能体现出地方特色的物质，如长白山的人参、南京的酱板鸭、苏州阳澄湖的大闸蟹等，这些都是地方特色品牌。在中国，有大量的地方都不缺乏历史底蕴和文

第四章 农创"一乡一品"

化,每个地方都有自身独有的风景,都有区别于其他地方的特色文化与精神内涵。今天互联网已经打破了信息壁垒,不怕好东西卖不出去,就怕同质化的产品泛滥,利用地方特色优势,做到差异化竞争,从而构建起本地的优势产业,才能振兴乡村,实现地方经济的快速发展。随着国家品牌计划的实施,地方产业更应该注重自身的特色品牌形象,在消费升级的背景下,打好特色品牌这张牌,便可产生品牌溢价。农创品牌运营股份有限公司创立的品牌运营服务体系,是专门针对地方特色产品的品牌塑造而打造的服务链,特色品牌产品市场入口把关是通过一乡一品品牌运营商,由他们为进入一乡一品销售渠道的特色品牌进行审核和代言,并实行特色品牌产品品质责任挂钩和品牌产品品质责任追究的责任制,来完成特色品牌产品市场入口的把控。通过利益共享、责任共担的市场运营模式,来建立特色品牌品质管理服务体系,为地方特色产品的品牌塑造保驾护航。

塑造地方优势品牌。从全国地方经济发展的历程来看,特色经济一般都是依托地方优势资源发展起来的。各个地方都有不同的发展历史、不同的地方特点、不同的资源禀赋、不同的文化传统,存在有别于其他地方的资源优势。有的区位优势独特(地处交通枢纽或沿边开放带),有的自然资源富集(蕴藏大量矿藏资源或丰富的水、草、

林等资源），有的产业资源明显（拥有良好的种植业、养殖业、加工业、旅游业等发展基础），有的社会资源突出（拥有深厚的历史底蕴或丰富的文化资源）。塑造地方优势品牌，要在全面了解地方情况的基础上，努力发掘发展优势，必须依据资源的自然、人文、科技、生态环境等多个层面的特色和属性，必须源于市场的需求，以市场导向为原则，对独具特色的优势资源进行物质形态的加工和转化，集中各种优势力量对特色资源进行规模开发、深度开发，培育经济增长点，创造出地方经济的鲜明特色。农创一乡一品项目在运营中充分认识并开发好特色资源优势，在品牌打造上以挖掘特色资源为依托，旨为在产品品牌打造上建立独一无二的竞争优势。一乡一品运营商把地方优势和市场需求紧密地结合起来，对地方优势的市场需求特征进行充分的调查与分析，在此基础上开发与培育出市场所需要的优势品牌，并通过各种载体、形式进行有效的品牌宣传、推介，将优势品牌的文化即品牌的价值观传递给消费者，提升品牌的知名度、美誉度，使消费者对地方优势品牌产生信任与忠诚，进而形成品牌效应。

塑造地方优质品牌。国家《产品质量法》对产品质量界定为产品的安全性、实用性及担保性。产品是通过生产企业的生产行为生产出来的，其质量能否符合要求和满足顾客需要，很大程度上取决于生产

第四章 农创"一乡一品"

企业在产品设计、制造、检验、包装和储存等环节中能否确保产品质量。优质品牌的塑造是一个系统性的工程,不是给产品起个名字就叫品牌,塑造地方优质品牌除了挖掘产品内涵,打造地方特色,更应该注重产品的品质。地方企业要想在市场中生存和发展,其产品必须获得市场的认可,而产品质量是产品获得市场认可的要素,其在很大程度上决定了企业的生存和发展,这是市场经济规律所决定的。价值规律告诉我们,企业要想在市场竞争中获胜,就得通过科技创新、经营管理等手段降低自身必要的劳动时间,而通过假冒伪劣等手段来降低自身必要劳动时间的手段是不可持续的,最终也不会被市场认可。打造优质品牌将成为品牌发展的核心,品牌品质升级必须建立在可信的品牌品质上才能获得市场和消费者的认可,这就对品牌品质的管理、品牌溯源以及品牌品质跟踪提出了更高的要求。农创品牌项目推出基于互生大数据的互源码来完成品牌产品的溯源管理,用品牌运营体系来为地方优势品牌进行渠道把关,用二级监督与利益捆绑来保证品牌品质和防止假冒伪劣的泛滥,保护品牌企业。互源码是专门为企业的产品溯源提供的一项技术,它实现了全球企业身份数字认证的唯一性、品牌产品溯源的唯一性、互源码连接消费结算的唯一性、产品标贴物源码,消费者可以通过扫描互源码就能直接消费,实现了由产品品质说话的销售，地方的优质品牌无论走到哪里，广告宣传和销售渠道就连到哪里，不用担心会被假冒，从技术上消除了品牌假冒问题。

二、产业发展从抱团开始

在市场竞争中，为了实现优势互补，共生共赢，应对风险，越来越多的产业主动联合起来，抱团发展。抱团发展强调的是"放大优势"。对抱团发展的产业来说，有一个前提，那就是单个的个体相对来说很弱，不足以抗争对手或恶劣市场环境。而单个拎出来，这些产业各自又没有明显的优势，普普通通，淹没在商海中默默无名。要想生存，要想取得较好的发展，只能抱团，把优势体现出来了。在今天这个资源整合的时代，个体的力量是薄弱的，联合起来形成团队则可能成就一番事业。

1. 五指拳头

五指拳头的原理。张开五指与攥紧拳头哪个更有力的道理，相信许多人都不会不明白。一只拳头可以砸碎一块儿砖头，而五根指头却奈何不了小小的砖角。同样是一只手，当五指并拢，紧紧握在一起的时候，它们的目标是一致的，这时候它就是一记重拳，为赢得比赛奠定了坚实的基础。可当五指散开成掌时，手指各自独立，没有共同的目标，也就没有了同样的力量和激情，别说主动进攻对手，就是对手

第四章 农创"一乡一品"

的重拳袭来时防守自卫都成问题。五指之间有大有小，有长有短，有粗有细，彼此不嫌弃才能够攥紧拳头，如果都一样齐，一样粗，一样长可能就攥不成拳头，这就是拳头理论。现如今国家实施乡村振兴战略，鼓励农户创业。在互联网的时代，个人的力量是微不足道的，要做大做强品牌产业，一定是一个团队共同努力的成果。农创"一乡一品"打造品牌效应，抱团取暖，采取组织化、市场化、集约化经营模式，在系统性上下功夫，使全国的"一乡一品"紧密结合起来。农创"一乡一品"项目将在全国乡镇打造品牌运营商，构筑面向全国的服务体系网，为家乡推广销售特色品牌产品，服务家乡的品牌企业，以铁拳之势，整体推进，形成前呼后拥，左右夹击之势，既可以成功占领新的"山头"，又能进一步巩固大本营。农创"一乡一品"整体战略布局选拔4万多个乡镇品牌运营商，334个地市的品牌运营商，34个省级品牌运营商，形成全国4万个跨地区、跨行业的品牌运营企业的联动，最终建立农创品牌全国运营体系，如果每个品牌运营商都打造出两个品牌，全国就是8万个品牌，中国的经济就腾飞了。

钢筋水泥的组合。今天在我们生活的城市，高楼林立，一座座高楼大厦直入云霄，深圳的"平安金融国际中心"达到了592.5米高，"京基100"高度441.8米，规划中的中国新的第一高楼"H700深圳塔"将高达739米……组成高楼大厦的材料，仅仅是生活中常见的钢筋和水泥。"一乡一品"项目体系就好像钢筋，各地的名优特新产品就好像水泥，贯串其中的福利保障又像是水，混合在一起就成了支撑大厦的材料。"一乡一品"产供销一体化循环解决了农产品的销售与品质保障问题，为农产品建立特色品牌打通了消费渠道，是地方产品实施品牌打造、品质监管、销售渠道对接的有力抓手和调控中心。"一乡一品"品牌运营体系是在每个乡镇选拔一个品牌运营商，并建立省、市级运营机构进行统筹规划。"一乡一品"品牌运营商负责挖掘当地文化、特色，打造农产品品牌，并在品牌的运营过程中促进产品销售。由于"一乡一品"运营体系拥有消费渠道，从而可以设立销售产品准入标准，只有达标的产品才能进入渠道销售，没有达标的可以在运营体系的帮助下实施改善措施，从而形成产、供、销一体化循环服务的"钢筋水泥的组合"，为产品提供销售渠道，为消费者提供有品质保障的健康产品，为地方营商环境改善提供对接、培训、监督、管理服务。同时，"一乡一品"品牌运营项目与以国家分享经济实施平台作为技术支持的消费福利卡有机地结合在一起，形成基于互生大数据的消费福利保障体系，帮助每一位老百姓实现月月分红和终身医疗补贴保障，通过市场买卖行为完成消费者的自主消费福利保障体系

第四章 农创"一乡一品"

建设,为消费者(包括贫困户)创造终生的福利保障,筑起没有后顾之忧的幸福大厦。

自信与信任组合。品牌的建立一定是以信誉为保证的,只有建立起了品牌信誉才能获得消费者的认可和信任,品牌信誉形象是社会公众及消费者对一个品牌信任度的认知和评价,其实质来源于产品信誉。品牌信誉的建立需要企业各方面的共同努力,需要贯串于整个品牌经营活动之中。有了品牌信誉也就容易塑造企业的形象,反过来说,如果在消费者信任的基础上进一步推行企业的整体品牌形象,也就更有利于企业的全面发展,企业建立了自信,让企业在品牌的打造可以做得更好,更快。品牌由于具有地域的独特性,要形成广泛的、持续的品牌效应,还要善于广泛的合作。品牌在打造的过程中,无论地方政府、协会、企业必须要分工明确,各负其责地做好自己的事情,并且彼此要保持顺畅的合作,互通有无。广泛合作还要积极整合多方的资源,无论横向纵向,还是内在或外来,只要是对品牌打造有利,都要广泛合作,勇敢拿来为我所用。资源是公用品牌打造中重要的因素,谁能展开广泛的合作,抓牢更多、更好的资源,谁就能在品牌打造中抢占先机。只有上下一心,齐力合作,才能达到品牌塑造的意义。农创品牌建设是为农民做的一件大好事、大实事。塑造"一乡一品"品牌作为乡村经济振兴的重要抓手，是打造农业品牌的有效途径，是农民致富的重要手段。农创品牌运营根植于农民的根本利益，出发点是实现、维护、发展、保护好农民根本利益，以让农民满意为标准，不断赢得农民朋友的信任与支持，让"一乡一品"真正受到农民的欢迎，真正能够实实在在地帮助农民朋友走上致富之路，通过农创品牌项目让企业和消费者之间获得相互的信任，同时更是帮助农民建立勤劳致富的自信。

2. 抱团发展　取长补短

短板时代已经过去。一只木桶能盛多少水，并不取决于最长的那块木板，而是取决于最短的那块木板，这就是"木桶效应"，也称短板效应。任何一个组织，可能面临的一个共同问题，即构成组织的各个部分往往是优劣不齐，而劣势部分往往决定整个组织的水平，因此，整个社会与每个人都应思考一下自己的"短板"，并尽早补足它。俗话说，三个臭皮匠，抵个诸葛亮。小微企业单打独斗难成气候，那么就要抱团发展，取长补短。今天产业的发展，已经由传统的单一的发展模式，逐渐形成了产业链的整合发展模式，产业链高效整合是现代企业发展的新思维，它打破了传统意义上在运营费和劳动力上节约成本的思想，而是从高效出发，以更高的效率走完整条产业链

第四章 农创"一乡一品"

的产品设计、仓储运输、原料采购、订单处理、批发经营、品牌策划和终端零售,从而在市场适应和消费者互动上取得主动和领先地位,达到高效整合的目的。正是这种高效的整合思路,让短板时代已经成为过去。今天互联网信息时代,科技高度发达,企业或者团队能够通过与别的团队合作来弥补自身发展的不足。"一乡一品"项目中包含着农创品牌运营计划、好产品溯源计划、全民免费医疗补贴计划、全民持股计划、永久脱贫计划、构建新型社会分配机制计划等,整套运营计划取长补短,相得益彰,加上用消费福利保障、产业链打造、电商支持、创业扶持、品牌渠道打造等多种方式加持,开启了一个全新的多元主体互惠互利的消费生态体系。

*抱团发展取长补短。*农创"一乡一品"项目在品牌营销上全员营销,避免了企业之间为了一时之利、一己之利而相互拆台,或者相互大打价格战,从政府到协会、从协会到企业,甚至从企业到个人,大家统一口径,同发一种声音,让原来分散的力量形成合力,用"拳头"去对抗激烈的竞争,取长补短,相互取暖,使多方受益。以农业产业发展为例,包括种植、加工、设计、包装、运输、存储、批发、销售采购、订单数据处理,物流发货等各个细分环节。如果按照大的类别来分,就包括生产加工,终端销售,品牌策划,资源整合等环

探寻新时代社会公共福利**支撑点**

节，一个再强大的团队无论如何也无法做到整个产业链中的各个环节都熟练掌握。因此需要不同专业的团队来分工合作，共同弥补相互之间的不足和短板。如果想长期解决农产品的销售问题，就必须从品种选择、品质保证、品牌塑造、数量配置、渠道建设、储存条件、物流配送、消费模式、购物途径、体验方式、技术支持、产品包装、品质责任等方面进行全面思考，全程贯通配套服务，这一定不是单枪匹马就能够解决的，更不是一个家庭、一个团队、一个公司就能够解决的，而是需要一套完整的产业链接力运营体系，从生产到销售让专业的人做专业的事，用大数据的系统技术来解决产业链的宽度，用专业的团队来挖掘产业链的深度，把每一道程序进行格式化分工，相互牵引、相互制约、相互助力、相互配合、互惠互利才能完成。《互生经济学》提供给企业的不仅仅是一种思维模式，而是一整套的解决方案，能够帮助企业轻松实现持续盈利，让企业多赚钱，赚长久的钱，让企业家们不再闭门造船，而是借船过河，强强联合，抱团发展。

没有完美个人只有完美团队。一个人再完美，也就是一滴水；一个团队，一个优秀的团队就是大海。没有完美的个人是指人无完人，每个人都有自己的短板，也同时具备自己的长处。完美的团队就是要发挥每个人的长处，弥补每个人的短板，就能攻无不克战无不胜。团

第四章 农创"一乡一品"

队的分工合作不仅仅体现在取长补短,更重要的是效率的问题,再完美的个人都无法和一个团队相媲美。一个有高度竞争力的组织,包括企业,不但要求有完美的个人,更要有完美的团队。"一乡一品"运营项目具有的优势是跨界联盟,消费福利卡的应用打通了各行各业的壁垒,所有入驻"一乡一品"渠道的企业共享持卡用户,自然而然就形成一个跨界联盟、互惠互利的市场经济形态。农创品牌运营项目还将在全国4万多个乡镇打造"一乡一品"品牌运营商,在全国范围内构建新型的产、销、统筹、整合四位一体商业模式,同时加强各个板块的专业合作与创新程度,进一步强化分工与合作,实现了1+1+1+1>N的联动效应。通过整合社会资源,共建共享"农产品追溯系统+食品安全+电子商务+精准扶贫"模式,让"一乡一品"品牌企业精准定位县、乡镇、村户,建立企业共同参与的特色农产品上行营销体系,形成农产品进城、工业品下乡的互动型经济联合体,实现"网货下乡"和"农产品进城"的双向流通,在项目运营的各个环节,发挥的都是团队优势和集群效应。

3. 携强扶弱 彰显大爱

追求爱的境界。提倡助人为乐,互帮互助,为社会承担一份责任和担当,就是今天社会的大爱。在市场经济竞争激烈的今天,责任感

探寻新时代社会公共福利**支撑点**

是成就一个企业的灵魂，铸造品牌的根基；而不负责任，则可以毁掉一个企业，击垮一个品牌。在科技发展、时代发展日新月异的今天，企业更应该承担社会责任和推崇大爱情怀。农创"一乡一品"项目不仅孜孜不倦地打造着中国好产品的销售服务网络，创建消费福利保障体系，而且还以农创扶贫为己任，投身到国家扶贫事业中，制订了农创扶贫联合行动计划，就是通过农业发展、创业销售、平台渠道建设以及消费福利模式，来实现社会利益重新分配的解决方案。农创扶贫联合行动计划是依托互联网系统技术的支持和创新市场运营，集合一切愿意参与的各国政府资源和全球企业资源，从农业、创业、消费、扶贫、脱贫五大方面的全球化实施举措来共同实现世界"农创扶贫"解决方案。依托互联网技术的支持和共享经济的市场运营，用消费扶贫、产业扶贫、电商扶贫、爱心扶贫等多种方式和渠道构建政府、社会、市场协同推进的大扶贫格局，形成跨地区、跨部门、跨单位、全社会共同参与的多元主体的创新型扶贫方案，让精准扶贫也能变成地区经济增长点，不仅实现脱贫，还能通过消费和产业扶持拉动地方经济增长。

互惠互利互生。互生系统的普及应用实现了企业利益、个人利益、公众利益、国家利益的全面互利循环。其主要表现为：第一，开

第四章　农创"一乡一品"

辟了民生保障新机制。企业使用互生系统，通过消费福利卡一卡通用积分锁定了消费者的终身消费行为；消费者在使用消费福利卡消费时，把商家给出的让利以积分的方式进行汇集，通过消费积分的含权持股实现持续盈利。消费者通过正常消费的积分积累，解决了生存、养老、免费医疗补贴和意外保障等后顾之忧。第二，企业降低了成本。帮助企业在不改变原有经营模式的情况下轻松转型，实现了持续盈利，并提高了经营管理效率。第三，重构了社会经济生态链，为经济转型提供了新路径，为社会问题提供了解决方案。互生的实施，实现了拉动内需、促进消费，并促进经济良性循环，形成了在一个运营主体下的共享经济体制，其过程完全通过互生系统平台的纯市场化机制运行来实现。农创"一乡一品"实施工具是互生系统平台推出的消费福利卡。消费福利卡的福利来源，是互生系统平台通过采用新型的分享经济模式为企业提供多元化的系统增值服务，企业向平台自愿支付消费金额一定比例的增值服务费。互生把这笔增值服务费的一半以积分的形式格式化分配给持卡消费者，另外一半也格式化地分配给互生系统各级资源单位，从而实现发卡企业的持续盈利。积分分配给消费者带来了二次分配的收益，积分投资分红又给消费者带来了三次分配的收益，从而解决了消费者的后顾之忧。通过市场买卖行为完成消

探寻新时代社会公共福利支撑点

费者的自主消费福利保障体系建设,为市场培育了购买力,让经济进入良性循环且持续发展。

营造社会和谐。营造社会和谐的第一条件就是经济和谐,经济因循环而良性发展,买卖因经济循环而互利,企业因经济循环而持续发展,社会矛盾因经济循环而化解,贫富差距因经济循环而缩小,国与国之间因经济循环而和睦,世界因经济循环而实现同一个梦想。要建立和谐社会,必须保证国富民安,国家的富裕来自企业的稳定发展,只有企业好,才能保证国家的利税,才能保障人民的就业。在经济危机下,企业的生存遇到了困难,企业出了问题,人们的就业也就会出现大问题,国家的利税也会受到影响。不仅如此,政府还要花国力维持经济的正常发展和保民生。在经济危机下的企业经营是不稳定的,不同的行业所受的危机影响也不同,在这一特殊时期,社会就很容易出现一些不健康的危害社会秩序的事情。为了保持社会的安宁,政府必须要加大力度整治社会秩序,维护社会的安宁。政府花大力气保民生,保稳定是要花费国力的。这中间要用好企业的支柱作用,不能为了一点眼前小利而"杀鸡取卵",要做"养鸡下蛋"的事,只有把鸡养大、养肥了才有蛋吃,如果为了今天的一点眼前小利把鸡都杀了,后边可就没有"鸡"了,就更别说吃"蛋"了。互生就是在做一

第四章　农创"一乡一品"

件"养鸡下蛋"的事，互生帮助企业实现持续盈利，企业有了持续收益，人民解决了就业，国家利税也有了保障。通过互生的循环经济原理建立循环经济体制，国家只要从宏观上协调好各领域的平衡发展，就能让经济进入良性的循环轨道上来，就能持久的保发展，保民生，保国力。通过买卖互利的循环经济模式，建立缩小贫富差距的循环经济体系，形成社会各资源之间互利互惠的循环经济形态。消费者通过消费就能建立自主的生存、养老、免费医疗补贴计划的社会化福利保障，企业通过市场化的合理竞争就能实现持续盈利，最终实现个人利益，公众利益，企业利益，国家利益的全面互利，经济持续繁荣，社会和谐发展。

三、扶贫必须建立长效的产业支撑

产业扶贫是指以市场为导向，以经济效益为中心，以产业发展为杠杆的扶贫开发过程，是促进贫困地区发展、增加贫困农户收入的有效途径，是扶贫开发的战略重点和主要任务。产业扶贫的目的在于帮助企业和贫困户个体实现盈利，企业的盈利和发展是扶贫的保障，没有企业的盈利，扶贫就无从谈起，如果企业出现经营不善，不但不扶贫，反而造贫。产业扶贫重点不是在于产品的"来路"，而是产品"销路"。因此产业扶贫一定是以市场为导向的，根据市场需求设计相应的营销模式。消费福利保障方案对应着产业链的生产端、中间渠道环节和消费者端，基本构成了地方经济产业链的福利保障架构。为了完善产业链的福利保障，针对贫困户、低保户、丧失劳动能力人群、留守儿童、孤寡老人等社会弱势群体实施兜底福利方案。建立兜底福利机制是助力打赢脱贫攻坚战，消除贫困，实现乡村振兴的前提条件。兜底福利机制的最大特点是能借助互联网工具，汇集社会上零散的爱心救助，实现自发、精准、透明、长效的救助，为政府分担一部分压力。兜底福利保障机制的形成，能够解决社会弱势群体的基本生产、医疗问题，是缓解贫富差距日益加剧的有效方法，是社会各界链接弱势群体的爱心桥梁。

1. 扶志、扶智、扶质

扶志。十九大报告中提出，要注重扶贫同扶志、扶智相结合。真正的贫困不难扶，难扶的是思想的贫困。扶志，即要树立贫困地区人民百姓对于脱贫致富走向美好生活的信心，志气树立起来了，致富的办法和干劲也就有了。也就是说扶贫要先扶心，要改正当地人们的心态，让人们自愿努力起来，改变"等、靠、要、怨"的不良习气，让人们积极自发地为脱贫致富奔小康而行动起来。所以，扶贫先扶志，就是扶思想、扶观念、扶信心，帮助贫困群众树立起摆脱困境的斗志

第四章　农创"一乡一品"

和勇气。"船上人不努力，岸上人累断气"形象生动地说明此现象。贫困群众是脱贫攻坚的主体力量，如果把参与农创扶贫联合行动的"一对一""多对一""兜底扶贫""精准扶贫"等帮扶责任人作为贫困户脱贫主体，然而群众本人"观战"，这未从根本上解决群众脱贫根源。没有脱贫志向，再多扶贫资金、扶贫策略也只能管一时，不能管长久。只有帮助他们"扶"起脱贫的志气、挺起脱贫的腰板，才能真正激发出持久的脱贫致富动力。要打赢脱贫攻坚战，就是要帮助贫困群众提高认识、更新观念、自立自强，唤起贫困群众自我脱贫的斗志和决心。

扶智。扶智，也就是要启发贫困地区人民的致富思路，提高培训技术和素质教育。通过知识和技术的支持，结合当地实际以及困难群众的真实情况，有针对性地指引群众走向科学正确的脱贫致富道路。因此，扶贫必扶智，就是扶知识、扶技术、扶思路，帮助和指导贫困群众着力提升脱贫致富的综合素质。贫穷和愚昧往往具有共生关系，尤其是现阶段的大多数贫困问题，表面看是物质性贫困，但究其根源在于缺乏"人穷志不穷"的精神和改变贫困现状的知识、能力和手段。必须积极为困难群众搭台清障，提高贫困群众脱贫致富的能力，坚定贫困群众脱贫致富的信心，鼓舞斗志，增强"自我造血"功能，

将外部"输血"式扶贫与内部"造血"式脱贫相结合,通过自身"造血"巩固"输血"的成果,彻底拔除穷根,消除贫困。扶智是"一乡一品"运营重要的内容,通过培训队伍,进行种植、养殖、加工等技能培训等,从智上帮助致富。同时为贫困群众营造良好的精神文化氛围,培育文化沃土,通过灌输引领让贫困群众从思想上淡化贫困意识,要靠自己双手创造幸福生活,摒弃"等靠要"思想,让贫困群众真正"富脑子",激发脱贫的内生动力。

扶质。扶质就是要提高扶贫的质量,不能只顾完成任务扶出短期脱贫,前脚一走后脚返贫,我们知道农业农村很多时候是靠天吃饭的,如果仅依靠一种模式来扶贫,一定会遇到特殊情况出现返贫,所以,创新扶贫机制,针对不同情况切实执行扶贫政策,探索符合自身的扶贫之路。让贫困群众真正参与进来,提升认同感和参与感,避免群众观望和否定。特别要重视精神脱贫,精神穷根究其原因:一是区域差异,囿于自然条件限制。个别地方由于自然条件限制成了精神荒漠,无法得到精神滋养,心中向上拼搏,努力奔小康的意识还不高。二是文化差异,自身缺乏脱贫动力。由于长期贫困,困难群众自身条件缺失,缺乏脱贫主动性。安于现状,害怕打破常规,坏了规矩。三是政策差异,脱贫政策不对症。每个群众情况不同,扶贫政策不能完

第四章　农创"一乡一品"

全对症。资源错配导致不少贫困群众脱贫之路事倍功半，逐渐对扶贫工作失去耐心与信心。"一乡一品"通过消费福利模式积分激励机制，促进贫困地区提高产能、产效，为贫困户提供产前、产后、产中系列化服务，运用品牌强农，品质兴农，提升竞争力，与市场并轨，最终摆脱贫困，进入良性发展轨道。同时建立永久脱贫的社会保障机制，双管齐下来达到扶质。

2. 扶难、扶病、扶弱

扶难。一方有难，八方支援，邻里相帮，患难相恤，是中华民族的传统美德。扶难不仅仅是政府部门的事，也需要社会各界的大力相助，各行各业要充分发挥自己的优势扶贫扶难，为民解难。比如银行的信用卡贷款也起到了扶一时之难的作用，还有一些慈善机构的捐赠和帮扶计划也都起到扶难的作用。我们也希望在扶难方面做一些工作，在互生解决方案里的系统应用配置上，每一个区县都要建立一个公益服务中心，通过公益服务中心业务来增添一个扶难的帮扶机制。在消费福利卡普及应用、消费积分达到一定起码线以后，用消费福利卡号和每月的福利收益来承担一定额度的扶难救助的担保问题，这是为了避免投机取巧的人利用扶难政策搞投机而设定的。扶难政策分三步完成，第一步最快最方便的就是消费福利卡的扶难信用额度与消费

福利卡的月月收益捆绑，即时启用及时到位，方便一时有困难的人，可以得到信任支持，对真正遇到困难的人给予扶难支持，同时也杜绝贪婪之人不计后果投机取巧。第二步针对提出慈善救助的扶难对象按照消费福利卡超过低保标准以外的收益里进行捆绑还款，杜绝别有用心之人的投机算计。第三步是对扶难情况调查、核实，属于扶难支持范畴的，经过调查了解后报请公益服务中心按照相关政策给出扶难资金救助。另外消费福利卡的积分达到300分以后享受的意外伤害身故保障，也是扶难的一项特殊扶持政策。我们的目的是真正帮助需要帮助的人群，但决不能被贪婪取巧的人算计。我们必须要纠正越穷越应该的负能量信息，等、靠、要的依赖思想必须纠正，我们扶难不扶懒，针对懒人我们必须要建立劳动机制。

扶病。济困扶病挽救生命是最重要和最有意义的慈善。"农创扶贫与永久脱贫解决方案"将探索整合慈善优质资源，采取精准化的"济困扶病"，放大慈善效应，为更多贫困大病家庭带来福音。目前绝大部分贫困户都是采用的新型农村合作医疗制度，这是由政府组织、引导、支持，农民自愿参加，个人、集体和政府多方筹资，以大病统筹为主的农民医疗互助共济制度。其采取个人缴费、集体扶持和政府资助的方式筹集资金，各级财政对新型农村合作医疗的人给予补

第四章　农创"一乡一品"

助。从需求方面可以看到，由于新型合作医疗以大病统筹为主，小病仍然是用农民个人医疗账户来支出。由于农村存在着较大的贫富差距，那些贫穷的家庭一旦得了大病，即使去医院就诊，能够报销一部分费用，但剩下的一部分费用依然无力偿付，所以这些贫困的家庭依然看不起病。从实际情况看，需要精准扶贫的贫困户家庭，其家庭成员大都老弱病残，身体普遍存在疾病困扰，由于弃缴或少交医保，导致他们得不到健康扶贫政策的帮扶，致使因病而贫上加贫，陷入无法摆脱贫病的窘境。

农创扶贫的兜底福利方案通过公开评估，将需要救助者的消费福利卡号经受助者同意后公开，让爱心志愿者自由选择救助对象，其两种基本模式一种是一对一消费积分认领救助，爱心志愿者将日常消费获得的积分捐赠到认领对象的消费福利卡上。另一种是多对一消费积分捐赠救助，在举办活动或者集体采购帮扶地区产品时，将积分捐赠给救助对象的消费福利卡上，得到10000分就可以享受消费福利的医疗补贴计划，医保范畴自费部分最高可以补贴40%。

扶弱。弱势群体是由于某些障碍及缺乏经济、政治和社会机会，而在社会上处于不利地位的人群。弱势群体一般分为两类：一种是由于年龄、疾病等生理原因造成的生理性弱势群体；另一种是由于下

探寻新时代社会公共福利**支撑点**

岗、失业、受排斥等社会原因造成的社会性弱势群体。帮扶弱势群体是构建社会主义和谐社会的必然要求，有助于维护社会公正，促进社会稳定。国务院办公厅《关于深入开展消费扶贫助力打赢脱贫攻坚战的指导意见》指出，消费扶贫是社会各界通过消费来自贫困地区和贫困人口的产品与服务，帮助贫困人口增收脱贫的一种扶贫方式，是社会力量参与脱贫攻坚的重要途径。大力实施消费扶贫，有利于动员社会各界扩大贫困地区产品和服务消费，助力贫困地区打赢脱贫攻坚战。农创扶贫方案是以创新型消费福利扶贫为核心，融合网络扶贫、产业扶贫、定点扶贫、创业扶贫、电商扶贫等多种扶贫方式，形成的多元化扶贫方法。通过给每个人发放消费福利卡，一人一卡，一对一绑定持卡人的身份证信息，特别是针对处于弱势群体的贫困帮扶人员，提供扶持对象精准、项目安排精准、资金使用精准、措施到户精准、因村派人精准、脱贫成效精准以及兜底精准的数字化凭证，通过消费实现养老、医疗的保障。重庆永川临江镇建档立卡贫困户刘洋在2015年8月经历了一场车祸，基本丧失了劳动能力，家里的经济来源被彻底切断了，还因治疗欠下了20多万元的外债，被重庆市永川区扶贫办列为建档立卡贫困户，虽有地方政府的关怀，但出院后每月1700多元的康复费用仍是一个沉重的负担。当地一乡一品品牌运营企业在

第四章 农创"一乡一品"

扶贫办的支持下为刘洋办理注册了消费福利卡并登记升级了兜底扶贫功能。到2018年10月底,刘洋的消费福利卡积分投资已经累计到了10000分,根据农创精准扶贫解决方案的实施细则和兜底扶贫运营规则,刘洋可同时享受两项互生积分福利,一项是从成功登记且积分投资累计达到10000分的次月开始,每月可获得300元的保底金;另一项是自积分投资累计达到10000分的次日零时起,可终身享受互生免费医疗补贴计划,在国家医保范畴内,最高可获得40%的住院医疗费用补贴,为其解决了难题。

3. 公平、公正、公开

公平。市场是企业的生存空间,是企业施展身手的舞台,公平公正的市场秩序是市场主体健康运行的前提,是市场经济发展的基础,离开了公平公正的市场竞争环境,任何企业都难以生存,任何市场主体都将难以做大做强。然而在互联网普及应用的今天,企业的品牌产品遇到了假冒伪劣的恶意竞争,企业遇到前所未有的困惑,恶性竞争导致企业发展举步维艰。农创品牌运营股份有限公司推出的一乡一品品牌运营项目,要在全国40000多个乡镇/街道选拔品牌运营商,建立农特产品销售服务网络体系,为家乡代言,挖掘地方特色产品,塑造地方品牌,销售地方产品,把假冒伪劣产品挡在渠道之外,还品牌渠道的公平竞争。渠道建设应用互生大数据做底层系统支持，为地方企业提供一站式的服务，包括品牌身份认证、品牌溯源、相关品质保证等。为了稳定乡镇品牌运营商的持续服务，采用互生托管项目系统的收益支持来保证品牌运营商的良好服务，更好地服务地方企业和地方农业，在为当地老百姓创造福利保障的同时，也实现品牌运营商的稳定发展和持续收益。

公正。在构建市场经济体制的进程中，首先必须遵循市场经济的一般规律和要求，诸如价值规律、竞争原则、商品供求关系规律等，但同时也不能违背公正的基本原则和标准。社会公正原则能为每个社会成员或社会团体从事有益的活动提供大致相同的机会，是市场经济健康发展的保障。中国制造和服务要迈向中高端，必须以质取胜，加强公正监管，营造公平竞争的市场环境，这是最基本保证。重庆长寿区有一个地方特产沙田柚，大家都说很好吃，但是很多人买了以后一吃发现是假的。为什么？原来不是所有重庆长寿种植的柚子都是沙田柚，很多其他地方的柚子以次充好，这样就对当地真正种植沙田柚的农户造成了损失。很多地方特产出现类似重庆长寿区沙田柚"滥竽充数"的现象，甚至用低质低价的产品来冒充正牌的地方产品，严重影响了产地农户或企业的产品销售和收入，使得企业无法在公平公正的

第四章　农创"一乡一品"

环境中良性的发展。农创品牌运营项目以建构公平公正的市场环境为目的，并以这个原则和目标为标准来制定政策、出台措施，计划在每一个乡镇只选择一个品牌运营商，由品牌运营商负责挖掘当地特色产品和文化，完成一乡一品的品牌打造，以及产品的选拔、推荐和市场运营推广工作。通过生产溯源、质量跟踪、品牌塑造、品牌管理、品牌包装、品牌服务、品牌运营来建立起产品品牌信誉，用品牌信誉来为当地产品打开销路。"一乡一品"的品牌渠道是各县域品牌企业进入一乡一品专区销售产品的唯一渠道，为了保护消费者权益，杜绝假冒伪劣产品进入渠道，"一乡一品"品牌运营商需要对所有进入渠道的企业进行品牌认证和品牌质量跟踪。一旦发现进入"一乡一品"品牌渠道的产品出现问题，"一乡一品"品牌运营商将承担连带责任。

公开。公开原则是要求任何的相关信息必须真实、准确、完整地予以披露。在网络高速发展的今天，把信息及时发布出去，让群众了解事件真相变得日益重要。农创扶贫项目配合国家脱贫攻坚，科学确定脱贫摘帽时间，秉持的是知民所需，懂民所盼，尽己所能，为群众多做事，做好事，做实事，绝不会弄虚作假，搞数字脱贫。通过互生系统平台的技术支持，在应用过程当中，每一位消费者的消费福利卡与身份证卡号绑定认证。这样，全社会每一次消费产生的价值，都可以找到渠道，精准、透明、迅速、自动化地帮助到每一位老百姓。消费者每月的分红收入、消费收入、医疗报销补贴等数据全部都可以实时显示并有据可循。农创扶贫项目对于建档立卡的贫困户，通过社会力量的消费扶贫以及捐助积分均可以查到源头，贫困户每月300元的兜底扶贫保障机制以及免费医疗补贴也可以通过大数据平台实施精准查询，杜绝一切数据作假。通过大数据精准识别，消费数据精准查询，扶贫对象精准到个人，架起了政府和人民、东部和西部、行业和行业之间互动的大联通爱心桥梁，让消费成为扶贫的主力军，发动全社会的力量，促进农业、农村、农民、企业的共享经济互动发展，从而全面完成扶贫攻坚任务。

何开荣点题

正道品牌溯源

正道品牌推出的"厂家直供"渠道入口，主要为品牌企业提供以下的业务服务：

1. 为品牌企业产品提供"厂家直供"的销售入口，植入消费者移动终端。

2. 为品牌企业产品提供互源码品牌溯源，杜绝假冒。

3. 为品牌产品通过互源码链接扫码购物，实现产品走到哪里，销售链就到哪里。

4. 为品牌企业提供消费福利模式，增加企业产品附加值，提升销售竞争力。

5. 为品牌企业提供代理机制、分享机制，扩大产品销售队伍。

6. 为品牌企业对接定向消费基金，保证市场购买力。

7. 为品牌企业共享4万个乡镇品牌运营商，8万个社区服务站，整合贯通销售渠道。

8. 为品牌企业掌握市场销售渠道的主动权，掌握产品市场定价权。

9. 为品牌企业提供大数据的专项课题分析，为企业确定发展方向提供数字依据。

我们只是希望能够通过正道品牌的"厂家直供"渠道，帮助品牌企业在恶性竞争的环境中多一条销售渠道；帮助消费者可以购买到信赖的品牌产品；帮助创业者通过正道品牌渠道推出的品牌产品代理和品牌产品分享商来实现创业增收。建立品牌产品入驻的销售渠道，是保护品牌企业的生存空间，给消费者一个可信赖的消费环境，重塑市场消费信心，这也是成立正道品牌运营股份有限公司的目的。

第五章

正道品牌溯源

《国务院关于发挥品牌引领作用推动供需结构升级的意见》指出，我国目前品牌发展在经济发展中已严重滞后，产品质量不高、创新能力不强、企业诚信意识淡薄等问题比较突出。并批准设立"中国品牌日"，以更好地发挥品牌引领作用、推动供给结构和需求结构升级。建设品牌强国，承载着中国由制造大国向制造强国转变的梦想和使命。正道品牌运营股份有限公司的品牌溯源项目通过生产企业名称、品牌名称、互源码溯源和销售结算的唯一识别，为企业的品牌产品提供溯源技术，杜绝品牌假冒。通过生产、代理、消费同步结算，为企业的品牌产品争取市场定价权，掌握市场主动权。通过分享模式为企业的品牌产品搭建市场营销网络。通过互源码技术为品牌产品实现物媒体链接销售，为品牌产品提供物媒体时代的分享营销推广模式，更为创业者轻松创业提供路径。通过消费福利卡为消费者带来的福利，为企业的品牌产品对接消费福利的定向消费与积分模式，提升市场购买力。

一、品牌是市场诚信的基础

从企业长远发展的角度看，品牌是企业经营制胜的一大法宝，是企业持续健康发展的关键所在，而诚信则是所有知名品牌企业共同的属性。企业树立品牌的过程，也是积累企业诚信和信誉的过程，更是成功建立市场诚信的基础和必经之路。正道品牌运营项目推出厂家直供渠道，不仅为创业者打造了分享代理的销售及创业新模式，还通过严格的筛选、认证和一系列管控措施，确保入驻企业诚信经营。

1. 信誉永远是王道

*信誉是一切的开始。*企业信誉是企业在生产经营活动中所获得的社会上公认的信用和名声，从消费者的角度来看，主要建立在品牌产品和服务的基础上，随着市场环境的不断变化，只要企业拥有了良好的企业信誉，就能在竞争中掌握更大主动权，处于行业市场的领导地位。所以，企业的信誉来之不易，我们要倍加珍惜，但是在企业经营

第五章　正道品牌溯源

过程中也要敢于承担自己的责任，比如，有一些企业由于技术原因召回之前的问题产品，这样做非但没有造成企业信誉受损，反而提升了社会对企业的认可，企业信誉的建立需要企业各方面的共同努力和维护，良好的信誉是引导消费者消费和维护消费者忠诚度的前提，也是一切经营活动的开始。

信誉是彼此的信赖。人无信不立，政无信不威，商无信不富。市场经济的良性发展需要建立在相互信赖的基础之上，良好的信誉维持着人与人之间、企业和企业之间的一种相互信赖的关系，构成了市场主体之间的合作。企业的一切生产经营活动必须依托企业信誉这一无形资产来进行，才能获得持续发展的动力。守信企业将会因此获得良好的经济效益，失信企业终将会被市场淘汰。正道品牌销售渠道搭建的市场营销网络，通过互源码技术为品牌产品实现物媒体链接销售，确保企业诚信，提升企业信誉度，营造出了彼此间相互信赖的市场环境。

信誉是成功的要素。任何人都愿意与有良好信誉的人合作，成功的人都是有信誉、讲诚信的人，在企业经营过程中亦是如此。良好的信誉是企业的一张王牌，可以使企业在市场竞争中取得事半功倍的效果，并且决定着企业的健康发展。企业要想走得更远，发展得更快，

就需要不断积累良好的企业信誉，结合正确的经营战略，先进的技术和管理方法等要素，才能不断降低交易成本，提高产品品质和市场占有率。正道品牌运营项目推出分享代理销售模式，生产、代理、消费同步结算，为企业的品牌产品争取市场定价权，掌握市场主动权，提升企业有形资产的价值，增强企业产品的市场销售竞争力，铸就企业成功之路。

2. 品牌是信誉的名片

品牌寄托了信任。企业产品、服务和商业等各方面的信誉累积最终将铸就企业品牌，从表现形式上来看，知名品牌就是企业信誉的一张名片，是行业竞争力的体现，更是产品质量和市场信誉的集中表现。品牌也是消费者对企业及其产品、服务、文化价值等方面的综合评价和认知，是消费者对企业寄托的一种信任。正道品牌溯源项目对生产企业名称、品牌名称、产品的互源码和销售结算做出唯一识别，就是一种品牌信任，实质上是企业对消费者的承诺，从品牌的外在形象到内在品质表现出对消费者负责的态度，让消费者对产品认同，对服务承诺履行满意，对企业核心价值观认可，以达到消费者买得称心，用得放心，树立消费者对民族品牌的信任和信心。

品牌寄托了希望。得品牌者得天下。品牌已成为推动国家、地

第五章　正道品牌溯源

区、企业，甚至个人发展的核心要素。在一个成熟的市场环境中，拥有品牌才拥有市场话语权，产品的附加值只存在于品牌之中，仅仅依靠模仿，不管产量有多大，是永远没有希望的。正道品牌项目运营通过消费福利卡为消费者带来的福利，为品牌产品带来附加值，为企业的品牌产品对接消费福利的定向消费搭建直通渠道，提高市场购买力，企业可以脚踏实地进行产品研发，努力创出国际领先的一流产品和服务，树立企业品牌并充分发挥品牌效应，给企业带来做大做强的希望，给国家经济带来繁荣发展的同时也给消费者带来福利和希望。

品牌寄托了幸福。越来越多的事实表明，消费是个人获得幸福感的重要途径。随着人们品牌意识的逐渐增强，品牌消费成为人们寄托幸福感的重要方式。消费者通过品牌消费不但可以满足自身基本需求，还可以通过品牌本身的特点和象征意义来体现自身的社会地位、品味、价值观，当消费者的个人认同、社会认同与品牌的象征意义一致时，消费者会产生更多的积极情绪，提升幸福感，消费幸福感反过来影响着消费者的复购意愿、产品评价、品牌态度等，消费者感受到的品牌幸福感越高，越利于消费者购买，特别对注重品牌的消费者来说，品牌幸福感的意义更加强大，是幸福的一个寄托。而正道品牌构建的产业链条，能够促进形成强大国内市场，让百姓消费有底气，消

费有收益，消费有福利，让百姓能消费、愿消费、敢消费，让老百姓吃得放心、穿得称心、用得舒心。

3. 得一时与德一世

得一时。在商业往来中，道德与利益是密切关联的，道德水平的高低往往决定着利益的得失。企业开门做生意，在追求利润最大化的过程中，如果走歪门邪道，制假售假，以次充好，为谋利而失德，不择手段赚黑心钱，一旦东窗事发必然一败涂地。这种先例比比皆是，三聚氰胺事件就是一个典型的得一时的例子，"毒奶粉"事件曝光后，三鹿品牌立刻声名狼藉，最终破产，并导致国产奶粉销量走低，变相地成全了进口奶粉走俏，教训相当深刻。正道品牌溯源项目顺应消费者心意，从源头上就对产品开始把关，对企业不诚信经营行为持"零容忍"态度，一经发现将列入黑名单，为消费者站好头班岗。

德一世。同样是做生意，海尔集团打造品牌重德让人印象深刻。有一次，车间生产了72台不合格冰箱，为了严格控制出厂的产品品质，在消费者心中树立质量好的形象，集团一声令下，72台冰箱被眼含热泪的工人用大锤砸个稀巴烂。伴随着这个故事的传播，海尔集团的知名度和品质的美誉度脱颖而出，海尔产品也成了高品质的代名词。从此，"海尔"已经不单单是一个名称和符号，它所传递的企业

第五章　正道品牌溯源

价值观和企业道德奠定了海尔集团的形象，海尔集团陆续推出的其他产品也因此拥有了良好的销量，成为世界知名企业。在正道品牌溯源项目中，所有有知名度和品质美誉度的品牌产品，除了用正道品牌渠道网直销的方式，更有机会植入全国8万多个社区店，选择最合适的代理销售网点，快速布局销售网络。

得与德。德与得并不是两个完全独立的个体。古往今来，德与得都是如影随形的。在贪得之后，紧随的便是缺德。纵观历史，因德而名垂青史者不乏其人，为得而身败名裂者同样是数不胜数。多行不义必自毙，只为得而不顾德的教训值得永远警省和反思。有德才有得应该成为共识。正道品牌项目实施，将有力促进企业以德为本，坚持底线，使品牌企业坚信，崇德终会有善报，必有大得。如果还能再用这份得去筑造德，将一时之得，融于一世之德，定将引领着企业的初心，随着时间的推移而产生变化，在企业发展的各个阶段都有所得。

二、品牌是企业健康发展的唯一出路

在现代经济社会中，市场主体的诚信具有十分重要的地位和作用，它不仅影响着市场体系的运行成效，而且还决定着市场发展的兴旺与衰败。诚信不仅仅是一种道德规范，更是企业品牌形象的内在体现，也是能为企业带来经济效益的重要资源，是推动企业生产力提高

的精神动力,是促进企业内外有效沟通的桥梁,是企业生存和发展的基石,更是企业获得最大利润的基础。正道品牌运营推出的品牌服务,对企业发展而言如虎添翼,可以提高品牌价值,对企业的发展起到强有力的促进作用。企业想要在市场竞争中健康发展,离不开品牌这张凝聚企业产品品质和服务质量等各方面美誉度的身份证。

1. 品牌是产品的身份证

品牌说明书。品牌说明书是为了方便人们认识和了解品牌产品而设计的,是对产品的介绍和说明,包括产品的外观、性能、参数、使用方法、操作指南、注意事项等。正道品牌溯源项目为企业的品牌产品提供具有公信力的溯源技术,在生产过程中,实现了生产、交换、分配、消费四个环节中的链接。溯源码和互源码都能起到说明书的作用,使品牌有形象的、直观的、可信的视觉效果,让目标消费者明晰该品牌的产品是目标消费者可以放心购买的产品。同时还可以对商品或服务内容进行客观的介绍、科学的解释,让消费者了解产品的特性,掌握产品的操作程序,从而达到传播知识,指导消费,宣传企业的目的。

品牌健康证。品牌之所以能成为品牌,首先是其产品是健康的,是值得消费者信赖的产品,不仅产品是健康的,就连包装也要经得起

第五章　正道品牌溯源

国家健康要求的检验，生产质量健康、生产过程健康、运输健康、储存健康、服务流程健康，销售模式健康，宣传广告健康、后续服务健康，才能使得品牌产品名副其实的健康。

品牌身份证。正道品牌对品牌产品使用互源码溯源，是对品牌产品的有效保护，也是对消费者和生产者的负责。贴上识别"身份"的互源码，互源码的信息记录下品牌产品的产地、生产过程、管理人等信息，相当于品牌产品有了"身份证"，是重要的身份证明文件，既是品质保证，也是信誉保证。企业参与正道品牌项目，从长远发展的角度考量，必须从产品质量上下工夫，特别是名牌产品、名牌企业。让好品牌卖上好价钱，可以保护品牌，"一物一码"不容掺假，可以保证质量，迎合消费市场需求。

2. 品牌增加产品附加值

产品价值。产品价值是由产品的功能、特性、品质、品种与式样等所产生的价值。对于功能、质量完全相同或者相当接近的商品，其有形价值是相近的，而一旦贴上品牌标签，则产品售价就完全不同。产品价值是消费者需要的中心内容，也是消费者选购产品的首要因素，是消费者决定购买价格的关键和主要因素。正道品牌提供的互源码技术，是防伪溯源标签，给品牌产品赋予"身份"标识，是产品价值的可靠保证，实现了防伪、溯源、分享促销及渠道管理，为消费者提供更好的个性化体验，更容易占领消费者的心智，无形中提升产品的价值。

产品附加值。品牌附加值是品牌通过各种方式在产品的有形价值上附加的无形价值。无形价值与有形价值是同时存在的，它是在产品的物质功能基础上建立起来的消费者的精神享受。附加价值旨在增加产品或者服务在消费者心目中所具有的价值。正道品牌对接的消费福利模式，帮助消费者通过正常的消费即可解决生老病医等后顾之忧，满足消费者的刚性需求，为产品增加了实实在在的附加值，这种附加价值能够造成产品的差异性，满足了消费者的心理价值，又超过了产品自身的功能价值，使产品以附加值的优势，获得消费者青睐，从而获取更大的市场销售。

产品寿命。产品生命周期其实就是产品的市场寿命，在不少行业人士看来，这是一个自然淘汰的规律。所以，没有一成不变的产品，但有百年经营的企业。比如被誉为"中华第一吃"的全聚德，经历了150多年的热销，形成了以独具特色的全聚德烤鸭为龙头，集"全鸭席"和400多道特色菜品于一体的全聚德菜系，备受人们喜爱，至今依然活跃在中国人的视野中。成为百年老店几乎是所有企业的梦想。那

第五章　正道品牌溯源

么怎样才能成为百年经营的老字号？那就只有一个字"变"。变是一个永远不变的道理，相信全聚德的400多道菜一定不是一成不变的，而是不断地垂直演变而来。也就是我们今天说的企业要持续发展，就要不断升级，不断垂直演变，用匠心来打造产品，与时俱进以适应时代的需求而创造，而不是今天看见这个赚钱就做这个，明天看见那个赚钱就改行做那个。几年下来一个也没有做成，什么都不会，最后折腾死了。

3. 品牌是产品的信誉保证

品牌信誉。品牌和产品信誉都隶属于知识产权的重要范畴，是企业无形资产的重要组成部分，企业无信则不立，企业无品牌则无法做大做强，产品信誉是品牌的基石，而品牌则是产品信誉的保证书。品牌信誉是社会公众及消费者对一个品牌信任度的认知和评价，其实质来源于产品信誉。正道品牌项目实施的一个主要目的就是要建立并维护品牌信誉，并将其贯串于整个品牌经营活动之中，包含了品质信誉、服务信誉、包装信誉、三包三保信誉等丰富的内容。在维护品牌信誉的前提下维护顾客的品牌忠诚度，维持品牌的魅力，从而建立起企业的社会诚信，改变经营环境和消费环境，维护企业的健康发展。

品牌保证。正道品牌溯源对品牌保证就是一个承诺。一个品牌向消费者承诺什么，反映出企业的经营管理能力和理念。正道品牌溯源做出的品牌承诺是赢得消费者信赖与忠诚的保证，这种信赖保证包括企业实力、员工素质、服务质量和发展持续性的承诺，这种忠诚保证包括情感、道德、个性与价值的承诺。正道品牌对品牌产品使用互源码溯源，既是品质保证，也是信誉保证。对生产企业名称、品牌名称、溯源销售结算做出唯一识别，就是一种品牌保证，实质上也是对消费者的承诺，这种承诺和品牌保证会提高企业的核心竞争力，令企业在同行业的同等条件下立于不败之地。

品牌品质。品牌品质是指品牌产品的质量，主要反映品牌产品的内在品质符合国家的行业标准。优良的品质是品牌的生命。名牌之所以成为名牌，是因为它在消费者中广为传播、备受赞誉、可信度高，是因为它具有高品质。正道品牌运营通过生产企业名称、品牌名称、互源码识别等，来系统性保证品牌产品真实性，并按照品牌产品的品质要求来建立品牌产品的入驻条件和品质跟踪，对接国家相关部门的品质溯源系统，全方位监督产品生产。比如，农产品的品质管理是通过建立批次关联实现田间地头的作业数据，种植产品的生长可视化环境一览无遗，或可通过基地客户端直接进行数据采集上传平台共享。在养殖信息上，实现从基地到出栏等养殖环节信息数据关联，呈现给终

第五章 正道品牌溯源

端消费者；在生产加工上，实现加工以及工艺过程管理控制，从原辅料到成品的信息溯源；在物流信息上，实现成品的物流追踪，生产、销售、进出退货等业务可视化；在质检信息上，通过导入行业质量标准以及上传质检报告，实现将原辅料、包材、半成品、成品的质检报告信息化呈现给终端用户，为品牌产品的品质保驾护航。

三、溯源为品牌企业保驾护航

产品溯源是把生产原料信息、物流信息、产品分销信息全部采集记录并追踪，实现产品供应、生产、流通、销售、服务环节的全周期监控管理。通过一物一码技术追溯产品流通过程，一旦产品出现质量问题，可快速、精准召回，减小企业损失，关于产品的品牌、名称、生产经营者、规格等一系列信息，消费者扫码可查，提升品牌可信度。国家极其重视产品溯源，特别是几大类重要产品，如食品，医疗器械，药品，危险品等。企业实现产品全程管控追溯，不仅是应对当前国家政策引导的结果，更是为提升生产管理效率、谋求品牌更大发展、提振消费者信心。

1. 溯源品牌身份

品牌品质溯源码。品质溯源就是要保证产品品质，从产品的生产商开始追踪，弄清楚原材料有哪些，分别来自什么地方，生产的成品

探寻新时代社会公共福利**支撑点**

销售到了哪些地方，最后怎么到的消费者手中，整个过程都要追溯。国家相关部门的品质溯源系统已经基本完成，对产品的产地环境、生产过程、质量检测、加工储运等质量安全关键环节进行数字化管理，为产品建立"身份证"，实现产品的全程可追溯，帮助企业建立品牌形象保证品质跟踪，提升社会效益和经济效益。同时，正道品牌的互源码品牌溯源，实现品牌与品质的双溯源管理服务，帮助生产、流通和销售企业实现产品防伪鉴真，彻底杜绝假冒问题。

*品牌保证互源码。*正道品牌依托互生大数据系统提供的互源码技术，赋予企业唯一的数字身份识别码和延伸的品牌互源码，这组数字实现了生产企业名称、品牌名称、产品互源码的网络销售结算，将企业的品牌产品用互源码进行溯源管理，同时与销售结算结合在一起，彻底切断制假售假的路径，突破传统代理销售模式，还企业市场定价权和话语权。品牌产品有了品牌保证互源码，可以进行全程化的追踪管理，既加强了企业质量管理，又减少了纠错成本，并且方便企业收集商品情报，了解消费趋势，提高快速响应能力。

*品牌交易一扫码。*基于互源码的应用，正道品牌销售渠道为企业提供包括商品赋码方案、大数据分析、个性化营销、销售过程管理和防伪追溯在内的综合解决方案。以生产中心的数据库为基础，赋予每

第五章　正道品牌溯源

一件产品一个独一无二的电子身份证，通过溯源平台系统，实现产品质量全程可追溯。消费者通过手机扫一扫产品包装上的互源码，即可获得产品的生产地信息、生产企业信息、产品检测信息、交易信息、优惠信息、使用方法等等相关信息，满足消费者对所消费产品的知情权。同时，实现了促进品牌营销，防伪、防串货等作用，加强了企业信息管理能力，为企业产品通过物媒体应用扫码销售链接，实现产品走到哪里销售渠道跟到哪里，与假冒从此说拜拜。

2. 保护品牌名声

品牌是地方经济名片。品牌是企业的名片，也是地方的名片，更是展示地方经济发展的名片。品牌强，则地方经济强。发展地方经济最有效的一个方式就是打造当地企业的品牌集群。比如贵州茅台，它是企业品牌，也是地方名片。如何引导企业注重品质、打造品牌，推动供给结构的加快升级，以新需求引领新供给，在需求侧加力，通过改善消费环境，培育品牌意识，使消费结构加快升级，通过品牌集群化效应增加地方经济名片的厚度和曝光率，协助地方政府，共同擦亮地方经济名片。当然，塑造和维护品牌信誉是一个长期的过程。信誉是企业的生命，只有长期不懈狠抓企业信誉管理，做好产品质量才能保护企业的品牌信誉，才能有力地提高企业产品在市场上的竞争力。

探寻新时代社会公共福利**支撑点**

品牌是老百姓的钱包。品牌的壮大不断推动着企业结构优化升级，加大投资力度，推动企业注重产品研发，延长产业链，不断增强市场竞争力，推动企业走规模化、集群化、品牌化发展之路。一个品牌产品就可能富裕一方百姓，高科技的品牌产品我们不说，就说最贴近我们生活的产品，四川榨菜与老干妈产品，一个四川榨菜就养活了一方人，富裕了一方人，一个老干妈则养活了一方种辣椒的农民。所以，品牌就是老百姓的钱包。

品牌是国家的实力。在日益开放的世界经济层面，品牌已经成为衡量综合国力的重要标志。近年来，国家提出大力弘扬工匠精神，厚植工匠文化，培育"中国工匠"，打造更多享誉世界的"中国品牌"，推动中国经济发展进入质量时代。质量是企业的立身之本，打造更多消费者满意的知名品牌对建设强国具有重要意义。知名企业品牌是一个国家科技、经济、文化等多方面实力的综合体现，一个国家的经济实力、科技实力离不开企业的创新能力与品牌建设，国家品牌与企业品牌的塑造密切相关，对吸引外商投资、促进产品出口、吸引国外游客与优秀人才等具有积极正面的作用。随着正道品牌渠道的全面应用，中国企业品牌价值必将不断提升，推动中国企业"走出去"的步伐也会加快。加上一乡一品品牌运营体系的互助，用品牌推广来

第五章　正道品牌溯源

帮助当地经济实现健康持续发展，通过产品的品牌塑造来完善和提升产品的品质，挖掘产品的品牌价值，用产品生产溯源、质量跟踪、品牌塑造、品牌管理、品牌包装、品牌服务、品牌运营来建立起产品品牌信誉，用品牌信誉来为当地产品打开销路。随着越来越多的中国品牌"走出去"，中国的国家品牌价值也获得相应提升，并对国家形象的塑造与国内企业品牌美誉度产生进一步正向反馈。

3. 维护品牌渠道

杜绝假冒伪劣。中国市场经济发展过程中存在的一个普遍现象是市场中假冒伪劣产品盛行，涉及食品、服装、家电、化肥农药、种子、化妆品、医药等各行各业。假冒伪劣产品的大量存在已成为市场经济发展过程中的一大公害。凡是用假的冒充真的、质量差的冒充质量好的、档次低的冒充档次高的、盗用他人的名义或品牌进行生产或者销售的商品均属于假冒伪劣商品。正道品牌要求入驻渠道的企业所销售的产品质量必须符合国家质量要求，对入驻企业的不诚信行为，将配合国家相关部门进行严厉打击，建立一个杜绝假冒伪劣的经营渠道，守住一个值得信赖的渠道入口，共同推动诚信社会建设。

保护品牌产品。一般情况下，当产品有了一定的名气，就一定逃不出被山寨蹭名气的厄运。因为如今许多商家为了销量，打起了擦

边球，不论是取名还是外包装看起来都和品牌很像，稍不注意，就会被这些"山寨"的产品给欺骗了。这种情况不仅会对企业的声誉产生一定的影响，同时还会阻碍企业今后的发展。正道品牌渠道为企业提供的互源码通过互生大数据溯源系统严格审核把关，配合溯源结算系统，对品牌商标的所有人、合法使用人的品牌实行资格保护，防范来自各方面的侵害和侵权行为。同时，搭建并维护好正道品牌销售渠道，有效防范假冒伪劣产品冲击市场，杜绝跨区域串货以及地方保护主义对市场进入造成的障碍，妥善解决了生产企业与中间商间的利益冲突和商业道德低下等问题。

维护品牌渠道。品牌渠道是指品牌产品从生产企业向消费者转移所经过的通道或途径，它是由一系列相互依赖的组织机构组成的，起点是生产企业，终点是消费者，中间环节包括各种批发商、零售商和商业服务机构等。正道品牌渠道通过国家品质溯源和正道品牌互源码的结合应用，规范了渠道秩序，缩短了渠道长度，拓展了渠道空间，增强了企业竞争能力，提高了市场服务能力，扩大了市场占有率。此外，正道品牌渠道为了让品牌企业能更充分地利用资源，更有效地开拓市场，通过构建一种相对稳定，多方共赢的解决方案，帮助企业实现了与代理商、经销商和消费者的互利关系，实现优势互补，利益共

第五章　正道品牌溯源

享。以此做好品牌渠道的维护工作，齐心协力守护好品牌渠道这一企业的生命线。

何开秀 点题

民企政区县公益服务

所谓民企政区县公益服务，是指这个公益组织机构不仅有政府组织，还有企业和群众参与共建，是由政府领导牵头，企业来经营管理，人民共同参与的不以营利为目的的社会公益服务机构。这个公益组织机构的收益来源是来自互生系统平台的第三方城市服务商系统（这里改叫城市地区管理系统），用这套大系统来支撑区县公益服务，这套系统的收益也是来自消费积分分配。以下就是系统关系及名称图表。

消费福利卡号	00	000	00	0000
系统设置名称	高级管理系统	城市地区管理系统	托管项目系统	消费者系统
分配比例	10%	10%	10%	50%

第六章 民企政区县公益服务

  一套城市地区管理系统可以配置消费者资源最高 99 万，中国有 2861 个区县，不足 14 亿消费者资源，加上在探索过程中市场还使用了部分系统资源，无法满足每个城市系统的消费资源都满负荷启动，按照区县为城市单位启动一套系统，每套系统只能启动 40 万左右的消费者资源。

  以我们已经开展的几个项目知道，互生系统平台首先是底层系统。通过互生系统的底层功能搭建了为生产企业提供服务的业务体系，为社区居民和服务业提供服务的业务体系，一手牵着企业，一手托起消费者，实现了企业与消费者的互利共赢。互生还是一个社会化的企业。既是企业，就要用企业的经营方式和管理来运营，既然是社会化的，就应该为社会所有人和机构服务，也要为政府服务。所以，互生系统平台承载的是社会资源的融合体。有企业利益、消费者个人利益、社会公共利益、国家利益。我们如何更好地应用好系统功能，让系统价值最大化，才不会造成资源的过度浪费。回顾前面，从托管项目系统的拆分应用上搭建起了商品运营支撑体系和社区居民服务的支撑体系。这两大体系一边抓产品生产销售，一边抓居民服务与创业就业，在这些服务体系的框架下形成纵横交叉的支撑体系，为企业发展疏通了运行轨道，对国家未来的经济发展意义非常大，而且系统应用非常到位。

探寻新时代社会公共福利**支撑点**

这里城市地区管理系统的使用也是非常重要，如果我们配置给单纯性企业，最多就是扶持了几千个亿万级的富豪，没有实现社会价值最大化，用以建立区县公益服务体系让地方政府参与、企业参与、消费者参与，把最大的福利置留在消费者身上，让消费积分投资暂时控股51%（需要时还可以从这里拆分一些来提供给其他问题的解决方案），为地方政府保留38%来支持地方政府财政收入，给公益组织执行机构置留11%，这样就解决了很多问题。可是，由于地方情况不同，有贫富差距，所以收益也不同，穷的地方更需要提供公益服务。我们需要把城市地区管理系统进行股权拆分再重新配置，把南北地区的部分股权进行捆绑置换。比如，西藏某区县的系统与上海某区县系统进行捆绑置换，本地区系统股权占20%，捆绑置换股权占18%，意思是西藏某区县的系统收益有20%来自自己区县的消费福利，另外18%的收益来自上海某区县捆绑系统的消费福利。这样就可以平衡地方政府的贫富差异，自己必须努力服务好地方人民才有20%的好收益，也能够获得富裕地方的帮扶收益，这个就叫"南财北调"帮扶计划。

也有人问，为什么一定要帮助地方政府增加收益，国家不是有税收吗，国家可以印钱呀。大家想过没有，我们什么都要向政府伸手，什么都要国家出钱来做，政府的钱又从哪里来呢。钱是不可以随便印的。

第六章　民企政区县公益服务

有严格的投放比例，地方政府与中央政府的财政管理制度也是有所不同的，特别是地方政府，如果企业发展不好，税收就少，地方财政收益也少，地方政府的收益如果保证不了正常开支，地方政府就要想办法去找钱，政府忙着去找钱哪里还有时间考虑老百姓的福利。老百姓要过上好日子，首先需要政府稳定，政府不稳定就不可能有老百姓安逸的生活，要政府稳定就要保证政府有收益来源。成立民企政区县公益服务机构，就是希望通过公益组织的合作来实现这个解决方案，既帮助地方政府增加财政收益，又建立了区县公益服务体系，为需要帮助的人群提供服务。公益服务的性质与企业不同，公益服务不是企业，不以营利为目的，是完全的公益服务组织，政府应该参与。

我们梳理一下在这个公益服务机构的框架下能够解决哪些问题：

1. 通过城市地区管理系统的应用，实现地方财政的可持续健康收益。

2. 通过拆分系统股权，捆绑收益分配，为地方财政平衡区域贫富差异。

3. 互生的专项慈善资金有了专业的公益机构来执行慈善应用。

4. 解决了公益服务的长期资金来源。

5. 通过区县公益服务站的服务，落实慈善救助计划，做到人人有饭吃、人人看得起病、人人有公益、人人有生存的尊严。

6. 解决了需要补办消费福利卡的服务窗口。

第六章

民企政区县公益服务

《"十三五"推进基本公共服务均等化规划》确立了城乡区域间基本公共服务大体均衡，贫困地区基本公共服务主要领域指标接近全国平均水平的目标。政府工作报告提出，"推进以保障和改善民生为重点的社会建设""基本民生的底线要坚决兜牢"。政府的执政理念是执政为民，为人民谋福利。企业健康发展可以稳就业、稳经济、稳定社会秩序，为人们创造一个和谐文明的社会环境。人民群众在生活遭遇困境时能够得到公益资助和帮扶，使困难群众基本生活都能得到有效保障，兜住底线，对全面深化改革、促进社会公平正义、全面建成小康社会具有重要意义。区县民、企、政各部门应将建立区县公益

第六章　民企政区县公益服务

服务作为加强和改善民生的一项重要任务，全面落实，扎实推进。

一、建立区县公益服务体系

建立和完善区县公益服务体系，是实现基本公共服务均等化的基础，关系基层人民群众的根本利益。随着区县社会经济发展和城乡一体化进程的不断深入，公共服务需求日趋旺盛，对区县公共服务供给提出了新要求。区县在地方行政划分中处于基础而又关键的位置，建立健全区县公共服务体系，是统筹城乡发展、促进社会和谐的必由之路。区县公共服务主要涉及公共安全与住房保障服务、卫生医疗与养老保险服务及就业服务、公共教育与公共就业服务、公共文化与环境保护等方面。

1. 建立区县公益服务体系的目的

开展区县公益服务的目的。义务教育、基本医疗、住房保障等民生领域的方方面面关乎每个居民的生活，也关乎社会的健康和谐发展。推进基本公共服务均等化，不分城乡、区域、人群，保障人人公平地享有基本公共服务，是区县公益服务的重要目标。公益服务即组织开展公益活动，体现了组织助人为乐的高贵品质和关心公益事业、勇于承担社会责任、为社会无私奉献的精神风貌，能够给公众留下可以信任的美好印象，从而赢得公众的赞美和良好的声誉。做公益活动

探寻新时代社会公共福利**支撑点**

不仅仅是在物质方面给人们什么，最重要的是散播爱的气氛，将爱的气氛散布在社会上，提升这个世界的能量，这样世界才会越来越美好。互生建立民企政区县公益服务体系是为了更好地为区县百姓谋福利，达到人人共享发展成果，人人能够安居乐业，人人能够达小康过上幸福生活的目的。

区县公益服务的技术支撑。区县公益服务是以互生系统平台作为技术支撑。互生系统平台是以"互生经济学"理论为基础，应用互联网和互生系统的技术支持建立的一个互利共赢平台。互生以"资源整合、互利共赢"为主要内涵，以科技、金融、企业和消费者为一体的互生网络系统和新型的消费权益再分配模式全面整合社会资源；集资源共享、利益共享、金融流通、商务流通、信息交流、广告宣传、消费增值为一身，满足多方需求；用消费福利卡一卡通用积分帮助企业锁定消费者的消费行为建立商务流通利益共同体；用互生网络系统将消费积分进行复合应用，给企业带来新的盈利点，给消费者带来消费增值，最终实现企业和消费者收益的永续保障。互生系统是企业创新型商业模式的应用工具，是通过市场机制来解决社会经济发展遇到的问题，是消费者通过消费就能建立自主的生存、养老、免费医疗补贴计划的社会化保障平台。

第六章　民企政区县公益服务

区县公益服务的发展方向。区县公益事业是增进区县民生福祉、惠及社会大众的事业，关系着区县经济社会协调发展，对于保障和改善民生、促进社会和谐稳定、传承民族精神、引领社会风尚具有重要意义。近年来，我国的区县社会公益事业建设取得显著成就，社会各界对社区服务、环境保护、知识传播、公共福利、帮助他人、社会援助、社会治安、紧急援助、青年服务、慈善、专业服务、文化艺术、国际合作等公益活动参与热情和关注度越来越高。互生推动的区县公益服务体系是建立在互生第三方城市服务公司体系上的福利机构，将用持续稳定的收益保障区县公益服务体系服务的长期性和稳定性，通过增设福利机构和提升现有福利机构服务标准等方式，健全完善区县公益服务体系，让区县人民群众广泛享有免费或优惠的公共文化服务，共享经济、文化和社会建设的成果。

2. 区县公益服务体系的职责

区县公益服务的职责范围。区县公益服务机构将与当地民政部门、教育部门、医疗卫生等单位及其他社会福利机构做好公益服务工作上的对接，协助负责慈善救助、重残救助、临时救助、教育救助、孤残儿童救助、三无老人救助等社会救助管理工作，围绕着现有公益服务展开工作，并不断挖掘社会中新的公益服务需求。合理化的统筹及安排好互生

探寻新时代社会公共福利**支撑点**

系统平台设置的区县公益服务专项资金，同时跟踪每一笔公益服务款项的使用情况及每一个公益服务事项的实施进度与效果，围绕区县公益服务体系建立的明确目的，全方位地展开相关工作。

区县公益服务的慈善救助。在区县公益服务机构的慈善救助过程中应秉持六个原则。一是慈善项目的切口小，这样既能结合当地的实际有效发挥区县公益服务慈善救助款的作用，还可以减少项目宣传过程中的传递偏差。二是慈善项目的救助对象、范围符合当地实际，救助方式实用。三是慈善救助流程设计细，便于同类救助对象享受同标准的救助，提升救助的精准性。四是提升慈善项目参与度和透明度，使其具有广泛性。五是互生系统平台大数据技术的应用为提升慈善救助精准性提供了有力支撑。六是畅通慈善救助项目的双向沟通渠道，既要让慈善救助项目制定的思路、想法准确传达到各参与方，也要让参与方对慈善救助项目的看法能真实地反馈给区县公益服务机构。

区县公益服务的服务科目。一切为构建和谐社会有益的公益项目、公益活动、公益服务都在区县公益服务体系中。包括孤儿、弃婴的领养与教育事宜，未来寻亲事宜，残疾儿童的生活、教育、未来就业等事宜，"三无"老人的收养事宜，在华无人照顾海外侨胞与外籍华人收养事宜，精神病人收养事宜，退伍军人再就业创业及军休干部

第六章　民企政区县公益服务

养老事宜，残疾人及劳改犯人的再就业事宜，慈善与教育救助事宜，等等。

3. 区县公益服务的组织管理

区县公益服务的团队管理。 在区县公益服务体系中，服务团队是基石。根据区县公益服务体系的业务范畴，组建适宜的专业服务团队并做好团队的培训与交流工作。团队成员需掌握公益服务的基本业务，再结合每个人的专长进行分工合作，团队协同发展，共同营造良好的工作氛围。同时，培养团队成员严谨的工作作风，让每个成员明确自己的工作任务，掌握工作技巧，懂得如何提高效率，准时完成工作目标。整个团队做到能与当地民政部门和福利机构等单位及社会机构熟练地进行业务对接，业务上可以按照工作流程与要求进行业务咨询和办理等。

区县公益服务的义工管理。 在区县公益服务业务实施过程中，鼓励更多的个人或企业以义工的角色参与进来。第一，招募与甄选：确定义工并安排在适当位置以达到既定目标，通过岗位实现义工自身发展；第二，规范注册登记：注册登记标志着义工的资质合格，准予进入公益服务体系及其活动领域；第三，对义工合理定位：通过各种方式给义工提供信息，让义工了解义工组织并适应服务过程，使其明了应如何发挥作用，如何与他人相处；第四，明确义工的权利：赋予义工一定的权利和权限，保证他们能够独立自主处理工作；第五，义工的认可激励：包括奖励、颁发证书、纪念别针发匾以及举行表彰宴会等来认可义工的工作和贡献。

区县公益服务的组织管理。区县公益服务体系是通过公益服务的方式为人民群众提供相应的福利服务。在公益服务业务实施过程中，由当地的民政部门、教育部门、医疗卫生等单位及其他社会福利机构进行分管，区县公益服务团队对所有业务进行社会调查、方案制订、方案实施与跟踪等，妥善组织安排义工团队，让更多有公益爱心的个人参与到该组织中来。

二、区县公益服务的内涵

区县公益服务体系是用互生第三方城市服务系统的稳定收益来保证区县公益服务的长期性，用完善的服务体系的灵活性为区县提供有价值的社会公益服务，用系统资源的普及性为公益事业提供快速的反应服务，用这些优势的立体交叉，为区县公益的发展提供快速完整的服务。承担宣传、动员社会各界力量投身公益事业，规范管理各类善款、物资，协调、服务各项爱心救助行动等职责，并自觉接受政府、社会监督，以法治化、规范化、专业化、透明公开化的方式开展公益

第六章 民企政区县公益服务

活动。

1. 区县公益服务的内涵

公益服务的内涵。区县公益服务是以社会需求为出发点，通过向社会提供公益服务，来促进社会的和谐发展。所有的公益服务行为都是一种自觉自愿的行为，其内在动力不是利润动机，也不是权力原则。其深刻内涵是基于互生"福安百姓的博爱精神、福利社会的担当精神、福祉民生的人文精神、福荫后代的积善精神"，扎实有效推进互生全民普及，尽早完成消费福利保障体系建设。通过义工服务和公益参与的机制，形成一种扎根于社会，由群众自我组织、自我调节、自我管理的治理模式，让公益事业充满生机，健康发展，造福于民。公益服务发展的结果会促进公益社会性选择机制的成活、社会成员友好互助的横向纽带发育、社会公众的公益参与和社会成员自我价值表达的实现。

公益服务的执行。为了保障区县公益服务每项业务高效的实施，需打造能力强、业务精、效率高的执行团队，通过公开透明的运行方式，带动更多人参与到公益事业中来，以高效的执行力提升公益服务的影响力和公信力，在全社会的共同见证下，把公益福利落实到实处。在公益活动中，要做好公益活动的执行方案和活动策划，树立监

督意识和建立相关渠道，使民众在参与公益活动时对执行情况进行跟踪了解。避免出现监督乏力，行业自律缺失，公益组织的运营监管真空等现象。

公益服务的维护。构建和谐社会需要加快培育发展社会公益服务组织，更要加强对公益服务组织的维护。一要规范管理、引导提高。重视法规建设政策引导，在国家有关社会公益事业法及相应的法规和政策统一引导下，规范区县公益服务事业的性质、组织形式和具体运作程序，同时整合已出台的社会公益相关法规，规定区县公益组织的主体资质、监管规制、活动程序、会计准则等。二要倡导区县公益服务的善行。广泛传播区县公益服务的理念。把区县社会公益服务精神的传播培育纳入宣传的框架体系之中，通过电台、电视、网络、报纸等主流媒体，及时宣介区县公益服务的善行和动态信息，传播普及区县公益服务的理念，培育公众平等、互助、博爱、共享的社会公益意识。三要强化区县公益服务组织自身能力建设。在规范化建设的同时，拓宽公益范围，增强救助实力，加强自律、注重公信力的树立。

2. 区县公益服务的业务

慈善业务。区县公益服务的慈善业务主要包括慈善救助、灾难救助、慈善服务等内容。区县公益服务团队通过互生系统平台长期稳

第六章 民企政区县公益服务

定的慈善资金支持，在当地民政部门的带领下，连同社会各界人士及机构共同开展慈善公益活动。一是扶贫、济困。二是扶老、救孤、恤病、助残、优抚。三是救助自然灾害、事故灾难和公共卫生事件等突发事件造成的损害。四是促进教育、科学、文化、卫生、体育等事业的发展。五是防治污染和其他公害，保护和改善生态环境。六是符合《慈善法》等相关法律法规的规定。

救助业务。区县公益服务的救助业务主要有以下几个方面：一是经常性的社会救助工作，主要是包括城乡最低生活保障、农村五保供养、农村特困户生活救助以及城乡医疗救助等专项救助。二是紧急救助制度，主要是指发生自然灾害情况下的对灾民的紧急救助和应急救助行动。三是临时性的救助，主要是指对低收入人群的救助工作和对城市生活无着的流浪乞讨人员，包括流浪儿童的救助。四是支持倡导开展社会互助活动，通过支持慈善事业的发展，培育和发展公益性的民间组织，以及倡导开展群众之间经常性的互助互济活动来达到社会互助，对困难群众起到帮扶作用。

帮扶业务。区县公益服务的帮扶主要是对社会弱势群体的支持与帮助。一是城乡低保管理逐步规范，对城市低保对象实行"分类管理，分类救助"，农村方面，重点抓好特困群众定期救助向农村低保

的过渡工作。二是全面提升农村五保供养标准，以新的"五保供养条例"实施为契机，围绕新农村建设，努力实现供养标准、居住条件、集中供养率和内部管理水平四个方面的全面提升。三是积极做好城市生活无着的流浪乞讨人员生活救助及自然灾害应急救助等。

3. 区县公益服务人员

工作人员。区县公益服务组织中的工作人员将奉献和自愿从事公益服务工作作为一种职业，主要利用自己的专业知识、专长和全职工作来服务社会，帮助有需要的人群，并以公益服务组织中的职务为唯一或主要收入来源。工作人员主要是在公益服务组织中对组织的日常事业、公益活动项目等进行管理、组织、策划等，他们需要通过专门渠道进行招聘甄选，与区县公益组织机构是雇佣劳动关系，同时接受政府相关机构或业务主管部门的直接监督和管理。

服务人员。区县公益服务的各项公益活动在实施过程中，除了需要专职的工作人员，还急需专业的人才对公益活动进行专业的管理和提供更专业的服务。这样的服务团队与机构在社会中越来越多。区县公益服务人员的主要业务是：承办政府委托的公共服务事项；提供社会组织发展服务、公益事业培训和咨询；公益活动策划与辅导，信息的交流和出版；开展公益活动交流、合作、研究等。采取"专业团

第六章　民企政区县公益服务

队服务、公益组织受益"的运营模式，统筹整合社会资源，为区县公益服务组织提供政策咨询、法律咨询、财务咨询、方案策划、交流展示、公共服务交易、培训、能力建设、运作模式优化等支持，进而促进公益组织迅速壮大，满足社会需求。

义工人员。区县公益服务活动中的义工人员是不以利益、金钱、扬名为目的活动者，需要具有一定的专业技能。其工作或服务不以谋求物质报酬为目的，而是自愿贡献个人的时间和精力。主要从事扶助弱势群体、服务社区以及保护环境等方面公益服务活动，以改善社会服务、促进社会公益事业的发展。义工人员不受年龄、性别、民族和职业等限制，任何有意愿且具备相应能力的人都可以参与义工工作。义工人员在帮助他人、服务社会的过程中可以积累社交经验，满足个人的心理需求，是实现个人价值、促进身心健康发展的良好途径。

三、区县公益服务大厅支撑

区县公益服务大厅以"先利他，再利己；成己为人，成人达己"为准则，以"践行区县公益、促进社会和谐"为宗旨，立足区县，开展专业的公益服务，组织各项公益活动，开展公益事业人才培训实践、社会公益问题探讨、公益创新项目对接等系列活动，为政府和社会组织之间的公益合作提供一个对接场所，为企业和社会组织的公益合作开拓一个良性的运作空间,为社会组织之间开展公益合作搭建一个亲民、便民、利民的区县公益服务平台。

1. 区县公益服务的经济支撑

公益服务的资金支撑。 以区县为单位搭建区县公益服务体系,在各区县建立区县公益服务大厅。公益服务的资金支持有三个固定来源:一是公益服务的正常运营开支,这个是属于公益服务机构的办公开支,其费用来自互生第三方城市服务机构系统11%的股权收益。为区县公益服务开展业务提供长期的、有保证的资金支撑。二是公益慈善资金的来源,是互生托管项目系统积分投资分配部分设置了30%的慈善资金,这个慈善资金将根据地方的实际收益比例按照地方情况进行按比例配置实用。三是在互生系统平台收益中专门设置了慈善救助和灾难储备救助资金,用来填补慈善资金不足的地方配置使用和灾难储备救急使用。当然区县公益服务机构也接受社会捐赠。

公益服务资金的规范使用。 按年度由互生系统平台统一做收益结算,结算后制作出财务报表并公布,让资金各司其职,属于区县公益慈善资金的数据需要根据地方慈善救助的需求来重新配置资金的使用比例,各区县公益服务机构必须制定出下一年度的公益服务规划,并提出业务所需的资金预算,再由专业部门根据实际情况配置资金使用

第六章 民企政区县公益服务

比例，待资金拨出后，由专业部门监督区县公益服务机构的资金使用并跟踪与监管资金使用情况。

慈善公益基金的解决路径。凡是使用互生系统的企业在有积分收益时，若积分选择用于积分投资，则每年分红中均有固定比例的资金属于慈善公益基金。不仅如此，互生系统平台的收益中也有一定比例的资金属于慈善救助基金及灾难储备基金，这些资金年年都有且数额庞大，都将由相关部门统一规划安排。这将大大促进社会慈善公益事业的发展，为慈善公益事业开辟了一系列永久性的资金支撑。

2. 区县公益服务的业务支撑

慈善救助的服务业务。区县公益服务的慈善救助服务业务强调实效性，切实帮助困难者解决实际问题。可选择的方式主要有：对于偶遇生活困境而能迅速摆脱困难的人，可以策划专题性的慈善活动，一次性捐助钱款或物资给困难者；对于短期内无法摆脱困境的人，如少年儿童、贫困老人，可以建立慈善工程，连同学校、医院、福利院等社会机构，实施长期的帮助；对于具有普遍意义的某一类需要资助的人群，可以发起、组织主题性的慈善基金会，以专项慈善资金的形式，定期开展慈善性捐资帮困活动。

扶贫救助的服务业务。将国家现有的扶贫政策与实施方案落实到实

处，鼓励社会更多的企业与个人参与到扶贫救助的工作中来。通过互生消费福利卡的永久脱贫解决方案，为国家建档立卡的贫困户实现兜底脱贫，当贫困户的消费福利卡积分累计达到10000分时，次月起开始享受不低于300元/月人民币的兜底福利金，关于贫困户的消费积分可以采用捐助模式（社会各界人士和各方机构消费积分捐助扶贫）或领养模式，集团采购消费扶贫模式，让消费福利卡的积分累积达到10000分。

特殊困难的服务业务。特殊困难人群一般指孤老、重残、幼小没人监管等人均收入低的或没有正常收入来源的人群。区县公益服务组织将与民政部门等单位和机构、社区居委会等基层自治组织和老年协会等组织协同合作，做好辖区内老弱病残人员的排忧解难、心理疏导等工作，对特殊群体在提供物质救助的同时，通过社工介入等方式为救助对象提供心理关爱，做到分工到人、责任到人。救助管理站将加大对流浪未成年人的救助保护力度，着力破解"入户难、发现难、协调难、转介难"等难题，同时加强对家庭寄养儿童及家庭成员的道德教育。

3. 区县公益服务的社会支撑

国家的政策支撑。为了让公益服务事业更好更快的发展，区县公益服务组织将争取国家在政策方面给予有力的支持。第一，争取对

第六章 民企政区县公益服务

参与公益服务的企业减少一定比例的税收，鼓励更多企业参与公益事业；第二，争取各级政府及其有关部门向社会企业购买服务，发挥社会服务企业的价值；第三，鼓励高等学校培养公益服务专业人才，支持高等学校和科研机构开展公益服务理论研究；第四，积极争取公益服务岗位的就业补贴政策；第五，争取其他各界人士及各方机构支持或参与公益服务事业。

公益机构的协调支持。区县公益服务组织在当地开展公益服务事业离不开其他公益组织、有公益爱心的企业和爱心人士。区县公益服务组织将在区县政府相关部门的领导下，会同各方公益机构和公益个人，有钱的出钱，有力的出力，发挥各自资金优势、资源优势、专业知识优势、服务技能优势等，发扬团队合作精神，集各方之所长，共同促进公益服务事业的发展。

互生专业机构的系统支撑。互生系统平台为全国各区县的公益服务事业提供专业的系统支撑。以长久稳定的收益为政府的各项公益事业提供资金支持。各互生企业系统的慈善款也会用于公益慈善事业。消费福利系统为全国老百姓建立生老病医的民生保障体系，通过互生系统的大数据分析，可有效地对全国老百姓的生活状况进行分析，从而针对特定人群制订特定的公益服务实施方案，并对方案的实施效果进行跟踪反馈，将各项公益服务措施落实到实处。

附录：

《中国改革报》

农创品牌成为乡村振兴新抓手
——记开拓奋进的农创品牌运营股份有限公司

李秀平

农业产业化发展离不开品牌的助力，推动乡村振兴离不开品牌的力量，现代农业亟须提质增效，大力推进品牌强农不仅是乡村振兴、脱贫攻坚的必然要求，更是满足广大群众对美好生活向往的现实需要。

为了响应国家乡村振兴号召和品牌强农战略，2018年6月20日，注册资金1亿元的农创品牌运营股份有限公司在我国改革开放的先行地广州正式投入运营。这个以国家分享经济大数据实施平台为技术支持平台、以北京互生经济学研究院县域经济可持续发展课题组的《县域经济可持续发展十二解》为理论指导、以消费积分福利保障为模式、以打造"一乡一品"为重点的经济实体，顺应时代潮流、把握发展机遇，

附录　媒体报道

注定要在乡村振兴、脱贫攻坚的战略进程中勇挑重担、一往无前。

一乡一品
打造地方新名片

《县域经济可持续发展十二解》编委会主任、北京互生经济学研究院院长何开秀认为，品牌是一种宝贵的无形资产，可以极大地提高农产品的附加值，提高农产品在市场上的议价能力，农民有了自己的品牌，就能更快地脱贫致富。

农创品牌运营股份有限公司总裁崔文杰认为，作为乡村振兴的重要抓手，"一乡一品"是打造农业品牌的有效途径，是农民致富的重要手段。

据了解，该公司推出的"一乡一品"项目方案将按照国内外市场需求，充分挖掘并发挥当地资源优势、传统优势和区位优势，通过大力发展有特色、价值高、影响力大的拳头产品，推进规模化、标准化、市场化、品牌化建设，使一个或多个乡镇甚至更大区域范围内拥有一个或几个市场潜力大、区域特色明显、附加值高的主导特色农产品或特色文化小镇，大幅度提升农村经济整体实力和综合竞争力，从而建立新型的农业农村经济发展模式。

据崔文杰介绍,"一乡一品"项目的运营是通过把乡镇的历史、文化、人文和创业资源进行整合,结合线下社区资源及线上企业自营、抵扣专区、品牌渠道等渠道资源,为乡镇品牌发展提供"产供销"一体化的解决方案,提供规范、有序、有活力的"一乡一品"地方品牌打造与技术支持,建立以地方特色产品、人文风情、民风民俗、历史传承为特色的"一乡一品"品牌运营体系,用品牌运营推广来帮助当地经济实现健康持续发展。通过产品的品牌塑造来完善和提升产品品质,挖掘产品的品牌价值,用产品生产溯源、质量跟踪、品牌塑造、品牌管理、品牌包装、品牌服务、品牌运营来建立起产品品牌信誉,用品牌信誉为当地产品打开销路,以市场需求为导向,建立地方经济长期发展规划,推动农业全面升级、农村全面发展、农民全面小康。

同时,"一乡一品"品牌运营项目与国家分享经济大数据实施平台作为技术支持的消费福利卡有机结合在一起,形成基于互生大数据的消费福利保障体系,帮助每一个老百姓实现月月分红和终身医疗补贴保障,通过市场买卖行为完成消费者的自主消费福利保障体系建设,为消费者(包括贫困户)创造终生的福利保障,解决消费者的后顾之忧,共享社会福利,共享美好生活。

附录　媒体报道

公司的整体战略布局是，在未来几年里，从全国选拔4万多个乡镇品牌运营商、334个地市品牌运营商、31个省级品牌运营商，推动形成全国4万个跨地区、跨行业品牌运营企业的联动，最终建立农创品牌全国品牌运营体系。

农业强不强，关键看品牌。品牌为纲，纲举目张。如果说中国农业是一项杂糅多条产业链、多种要素耦合的系统工程，那么品牌则是贯串始终、从消费端倒逼生产端的一条主线，引领着现代农业转型升级。

品牌强农
挖掘农业新资源

何开秀说，当前，我国消费结构处于变革升级阶段，县域经济面临巨大发展机遇，关键是要把产品质量搞好、把品牌建设好，打造出中国好产品的销售服务网络，创建消费福利保障体系，用消费福利保障、产业链打造、电商支持、创业扶持、品牌渠道打造等多种方式，开启一个全新的多元主体互惠互利的消费生态体系。

推进品牌强农，要充分挖掘和转化优质特色农业资源。纵览神州大地，洛川苹果、五常大米、西湖龙井、赣南脐橙……一个个优质的

探寻新时代社会公共福利**支撑点**

农产品如一颗颗明珠,点缀在中华农业品牌的璀璨版图上。千百年来,我国独特的自然生态环境、种养方式和人文历史,形成了品类丰富、形态多样的优质特色农业资源,它们不仅是大自然和农耕文明的宝贵遗产,更是当前推进品牌强农的资源富矿。

推进品牌强农,要对优质特色农业资源进行深入挖掘,将资源优势转化为市场优势。如何挖掘和转化?首先,要立足资源特色。深刻把握优质特色农业资源的产地环境、历史文化、资源禀赋,突出品牌建设的深厚内涵。其次,要学会倚"特"而立。注重挖掘优质特色农业资源的特质、特点,突出差异性,走"人无我有"的品牌发展之路。最后,要做到向"高"而行。追求高品质、进军高端市场、实现高效益,突出优质性,走"人有我优"的品牌崛起之路。

据了解,"一乡一品"项目中还包括农创品牌运营计划、好产品溯源计划、全民免费医疗补贴计划、全民持股计划、永久脱贫计划、构建新型社会分配机制计划等,其运营项目具有五大优势。

一是独家授权。省农创品牌发展公司:以全球农创品牌发展战略为主要目标,带动全省农业经济发展,一个省(市、自治区)仅设一个指标;城市农创品牌发展公司:在当地城市快速建立"一乡一品"地方品牌运营服务体系,为地方企业的生产销售搭建可溯源的品牌产

附录　媒体报道

业链服务体系和监督管理体系，一个城市仅设一个指标；"一乡一品"品牌运营商：负责代理当地企业产品，并结合当地人文特色及消费福利卡的优势，帮助当地塑造具有人文特色的品牌产品，对产品进行策划、包装、管理和销售，以此塑造产品的品牌价值，一个乡（镇、街道）仅设一个指标，拥有该区域企业入驻"一乡一品"渠道的唯一审核权。

二是创新营销。农创品牌运营项目为企业提供了创新型的营销模式，即消费福利模式。企业将产品与互生积分捆绑营销，消费者持卡购买产品即可获得消费积分，享受积分福利，实现自己生老病医的保障。消费福利模式在满足消费者最大需求的同时，还能帮助企业快速促销产品。

三是持续盈利。"一乡一品"品牌运营商：农创品牌运营项目为每一个"一乡一品"品牌运营商配置了近万张消费福利卡，运营商发卡给消费者，消费者持卡到各行各业消费，运营商都将盈利；"一乡一品"品牌运营商授权当地企业入驻"一乡一品"渠道销售产品，持续享受产品销售提成，企业产品销售额越高，"一乡一品"品牌运营商收益越多。入驻"一乡一品"渠道的企业：企业实现持续盈利的关键在于产品销售渠道的稳定，农创"一乡一品"项目为企业提供的销售渠道目前已有数千万稳定用户和数以亿计的潜在用户，再加上每月的定向消费金，就形成有人有钱消费的态势，确保企业实现持续盈利。

四是跨界联盟。消费福利卡的应用打通了各行各业的壁垒，所有入驻"一乡一品"渠道的企业共享持卡用户，自然而然就形成一个跨界联盟、互惠互利的市场经济形态。

五是品牌塑造。"一乡一品"产品都是地方名特优产品，结合地方人文、历史故事、文化传承进行品牌塑造。农创品牌运营项目为企业产品品牌塑造提供四级运营服务体系，企业在农创"一乡一品"渠道销售产品的同时，由当地"一乡一品"品牌运营商及产品溯源系统保障产品品质，树立产品品牌。

内强素质
助力企业新发展

企业文化的本质是对外彰显形象、对内塑造心灵。品牌与文化相辅相成，两者不可分割。深化品牌，就是夯实文化软实力，也是对文化的一种深度挖掘。可以说，文化贯串企业发展的始终，品牌则为员工树立榜样，让员工充满正能量。

农创品牌运营股份有限公司自成立以来，十分注重企业的文化建

附录　媒体报道

设。他们不仅经常组织全体员工认真学习党和国家的方针政策、法律法规，要求每个人在思想上、正治上、行动上始终与党中央保持高度一致，而且还要求每个人在日常生活中要有正确的价值观和良好的工作生活习惯，竭诚为企业提供周到的服务。

为了帮助各地企业实现新发展，公司的做法是：

一是助企业挖掘地方产品、塑造产品品牌。以国家分享经济大数据实施平台为技术支持平台，依托各省、城市、乡镇运营公司服务体系，为"一乡一品"品牌企业提供全方位的服务，包括产品营销、品牌策划、溯源管理、电商应用等，最终培育当地的"一乡一品"特色品牌。

二是助企业实现低成本、高成效线上品牌宣传及销售。"一乡一品"品牌渠道系统旨在帮助"一乡一品"企业直接掌握渠道资源和消费者终端，满足其产品推广和销售渠道建设的需求，企业无须自建系统，无须投入大笔广告费用，产品直接面向消费者，减少了中间流通环节，降低了运营成本，并拥有了市场定价权和话语权。通过线上App、线下社区店以及定向消费系统的联动效应，让企业产品一经发布，瞬间即可送达销售终端，高成效实现品牌产品的宣传及销售。"一乡一品"电商系统集乡村特色、风味小吃、民俗旅游、休闲娱乐、农家乐于一体，与传统互联网平台相比，它为乡镇和城市搭建的是信息快速流通渠道。

农创消费福利卡能够帮助企业吸引消费者进店消费、促销产品。这些都将成为企业推广产品、打造品牌的绝佳渠道。

三是助企业与全国社区服务站无缝对接，产品直通社区。"一乡一品"品牌运营商项目，依托大数据支持的全国智慧社区惠民服务工程落地实施，帮助"一乡一品"进社区，为"一乡一品"打造"产供销"一体化服务的解决方案和技术支持。

四是助企业共享全国用户和定向消费金。农创品牌运营项目使所有入驻"一乡一品"渠道的企业形成了一个无形的跨界联盟，共享消费资源，互联互通，互惠互利。持卡消费者的定向消费金，只能用于消费，巨额的定向消费金是最稳定的市场购买潜力。如果全国 4 万多个"一乡一品"品牌运营商有了定向消费金的支持，就将保证每年平均至少有 300 多万元的稳定销售额。

五是助企业实现产品溯源、杜绝假冒伪劣，轻松推广品牌产品。依托大数据技术支持的互源码溯源管理系统，农创品牌运营项目为入驻"一乡一品"渠道的每一个企业提供在系统当中的唯一身份识别数字凭证。通过这组编码不仅可以对企业进行识别，也能对企业的每一个产品进行唯一的数字编码识别。企业运用互源码溯源产品，防止产品假冒，在保证自己利益的同时也维护了消费者权益，从根本上杜绝

附录　媒体报道

了制假售假。同时，"一乡一品"入驻企业的溯源码具备物源信息传递功能，消费者通过手机终端扫码可以直接了解企业的品牌信息，并可下单购买产品；企业通过产品物源码的物媒信息传递品牌文化，轻松实现产品的推广和销售。

正是因为农创品牌运营股份有限公司领导层站位高、思路清、措施实，制订了一整套操作性强的方案和计划，才有了刚刚运营半年就可喜可贺的骄人业绩。

2018年9月8日，由本报社主办的"致敬改革开放40年，推进农业农村现代化"研讨会在北京国家会议中心召开，得到了专家和学者的一致好评和推崇，农创品牌运营股份有限公司以协办单位的身份出席了会议。

目前，广东和重庆已成立农创品牌运营项目省级运营公司；重庆永川、长寿、涪陵、黔江，广东深圳、东莞、珠海、肇庆、云浮，广西河池，贵州遵义，河南许昌，内蒙古赤峰等地已成立农创品牌运营项目城市运营公司；全国10多个省（市、自治区）60多座城市和地区已经成功选拔出数百家"一乡一品"品牌运营商，并已开展品牌运营和组织工作。

2019年1月4日，在"2018中国经济高峰论坛暨第十六届中国

探寻新时代社会公共福利**支撑点**

经济人物颁奖典礼"上,农创品牌运营股份有限公司荣获"新时代中国经济创新企业"称号,公司总裁崔文杰被评为"新时代中国经济优秀人物"。

春回大地,万物复苏。新的征程已经开启,新的机遇、新的挑战、新的发展正等待着敢为人先、勇于担当的农创人。我们坚信,在未来的发展进程中,农创人一定会为扎实推进农创品牌运营项目在全国落地、尽早完成消费福利保障体系建设、助力国家乡村振兴战略计划实施做出更大的贡献!

(2019年3月7日)

《中国改革报》

为和睦社区建设提供新范本

——和睦社区网络科技股份有限公司发展纪实

李秀平

习近平总书记说,社区虽小,但连着千家万户,做好社区工作十分重要。党的十九大报告也明确提出,要加强社区治理体系建设,推动社会治理重心向基层下移,发挥社会组织作用,实现政府治理和社会调节、居民自治良性互动。

创立于2018年7月的和睦社区网络科技股份有限公司,顺应时代潮流,担负时代使命,积极响应党的号召,以中共中央、国务院发布的《关于加强和完善城乡社区治理的意见》《关于完善促进消费体制机制进一步激发居民消费潜力的若干意见》两个纲领性文件为指导,依托互生大数据系统平台,为房地产开发公司提供转型方案,为物业管理公司提供升级服务和技术支持，为社区居民提供新型创业就业机会，为社区周边商业提供发展平台，为和睦社区建设与治理提供了新范本。

勇于担当
助力社区居民早就业

就业是民生之本，也是经济发展的重中之重。就业问题关系到劳动力要素与其他生产要素的结合，关系到亿万劳动者及其家庭的切身利益，是社会和谐发展的重要基础，因而也是安国之策。

《社区物业管理升级与服务业个性融合发展新路径》编委会主任、北京互生经济学研究院院长何开秀认为，社区作为社会治理的基础，是公民社会生活的共同体和基本平台。随着城镇化的快速推进，未来还将有一大批农业转移人口市民化。这就对统筹城乡发展、解决好事关城乡社区居民群众切身利益问题、增进城乡居民获得感提出了更高要求。只有社区治理能力强了，社会治理的基础才会更坚实，国家治理现代化才会实现。

作为一个社会组织，和睦社区网络科技股份有限公司成立伊始，就把解决社区居民创业就业问题当成头等大事来抓。

附录 媒体报道

首先，理清了建设思路。和睦社区建设要坚持以人为本、服务居民、服务社会的宗旨，坚持以习近平新时代中国特色社会主义思想和社会主义和谐社会建设理论为指南，以社区建设的"小实践"推动整个社会的"大和谐"。其次，明确了总体目标。一是个体和谐，二是家庭和谐，三是邻里和谐，四是组织和谐，五是生态和谐。

和睦社区网络科技股份有限公司总经理张英说，社区居民在日常生活中会遇到多种问题，且具有时效性，如家中水管破裂、煤气泄漏、家电失灵等一系列问题，如果不能及时处理，就会造成很多麻烦及财产损失。此外，社区居民所需要的家政服务、养老服务、看护服务以及各种上门服务，都需要相关服务人员尽快解决。显然，仅凭物业公司及其他第三方业务公司，无法满足高峰时期的用工量。

在大数据广泛应用的高科技时代，很多东西将会被迭代，很多矛盾会显现出来。就拿企业用人来说，最大的矛盾是企业找不到合适的人才，而大量的人才又找不到适合的工作。再加上用人成本提升，小微企业用不起人，中小企业不敢用人，大型企业自动化生产后减少用人，高科技企业选择用人，自然就把大量的普通工人退回到市场成为闲置人员。

为此，和睦社区项目提出，以居民自身碎片化时间充分利用为原则，提供一键接单式的平台服务。只要居民有一技之长，或者愿意接受专业业务培训，考取执业资质，和睦社区项目将为他们提供移动终端接单功能，在他们有相关需求时，有偿帮助他们解决问题，在互相帮助的和谐关系下，增加他们的额外收入，实现多劳多得。如果居民有意愿的话，还可以成为全职接单者，开启自主创业第一步。

寻找"痛点"
打造社区智能平台

国家提出了分享经济，但是如何执行需要企业来探索和寻找解决方案。为此，和睦社区网络科技股份有限公司以互生经济学解决原理研发的互生系统平台把分享模式嵌入到系统工具的配置中，把一个新经济理论通过一套系统的应用来加以实现，把很多问题通过工具应用来解决，这是智能化时代的一大突破。

互生大数据技术平台是国家高新技术企业，已经完成了数字系统的全面应用。它为互联网时代的大数据建立了一套底层数字身份识别体系，可以帮助互联网用户完成数字身份识别，为各种第三方互联网平台实现用户的数字身份识别和资源共享的对接，通过各自区块数据

附录 媒体报道

记录和数据的连接应用,解决互联网上区块链数据的真实认证,终结了互联网上虚假数据成灾的问题。

和睦社区网络科技股份有限公司推出的"一乡一品"与"社区服务"项目就是应用《互生经济学》的解决原理与系统工具,通过互生大数据技术平台,针对市场需求而推出的一套"组合拳"式解决方案。

随着社区服务业的发展,大量的社区居民和农闲农民通过创业就业机会来增加收益,通过新型的服务项目执业责任人方式,实现创业者自由轻松创业。通过这样的方式,突破企业用人模式,降低创业风险,扩大承包范畴,突破传统组织关系,最后实现创业市场规范化、企业用人选择化、创业就业责任化、上班时间自由化、市场需求网络推送选择化、收益多少公开化、消费福利保障自主化。

《互生经济学》著作人何开秀指出,要想让消费者消费,就要做到让消费者敢消费、想消费还有钱消费,就要为消费者创造消费赚钱的机制,就要创新市场发展模式。为此,可从以下五个方面入手。

一是把消费者的关注点从买便宜劣货的省钱模式引入到消费品牌品质产品获得福利的赚钱模式,在保证同等产品价格竞争的基础上导入消费福利模式,从消费福利的持续收益上来培养消费积分习惯,引导企业向为消费者创造价值的方向去发展。

二是对企业的价格竞争进行规范要求，严格规定打折积分的最大空间，通过系统的设置来规范企业行为，在保护企业合法利益的同时拉动消费、做大市场，让企业生意好做。

三是建立好产品市场投资准入机制，淘汰劣质产品，为好产品建立积分投资渠道，通过消费积分投资来实现全民持股计划，达到企业与消费者互利共赢。

四是为企业经营降低成本，减少中间环节，降低企业经营风险，用大数据为企业提供科学的投资分析和经营渠道服务。

五是培养市场树立正能量的竞争发展风气，以好产品和为消费者创造高附加值的企业为鼓励样板，为这类企业提供更好的发展空间和条件。

善于思变
让品牌产品入驻社区

品牌产品怎样入驻社区？什么是物源码销售方式？怎样实现品牌产品分享销售同步等业务？这些升级解决方案都由互生大数据数字系统来提供技术支持。互生大数据数字系统为各行业的第三方平台打通

附录　媒体报道

了资源共享的接口,把相关联的品牌渠道、"一乡一品"、社区服务等专业门户 App 进行全网贯通,把其他关联的网上业务也进行全面整合,并网推送。通过消费福利卡来建立消费忠诚度,用消费福利保障来增加消费者收益,为消费者的生存、养老、免费医疗补贴等探索出了一条新路径。而物源码产品扫描购物链接和分享推广模式,又为市场提供了大量的免存货分享推广创业就业机会。通过这些解决方案,为品牌企业彻底打通了销售渠道,真正做到为品牌品质产品保驾护航。

该平台通过物业公司运营,首先物业免费得到一个平台来管理社区的"业主/住户"及整合周边商家,完善自身信息化薄弱环节;该平台通过运营活动产生的所有收益归物业公司,核心利润包括商家返点、社区广告两个方面。

据了解,社区中的物业管理公司,多年来一直处于尴尬的阶段。有的公司规模较小,无法满足社区居民多样化的需求,并且在管理上、创收上存在很大的问题。怎样提升物业管理水平、实现"去物业化"是每一个物业管理公司都想突破的瓶颈。提升社区服务水平,扩大社区物业服务范畴,建立与社区居民的融洽关系,增加物业管理的附加值,应该成为今后物业管理发展的方向。和睦社区项目,将在不影响物业管理正常业务的前提下,将第三方服务业的服务内容整合在物业公司的系统管理平台上,使物业公司成为一个资源整合的社区服务平台,并在每位社区居民的日常消费中获得一定比例的收益。不仅如此,升级后的物业公司,其公告发布、账务清算等业务功能都将实现无纸化办公,提升办公效率。

社区周围商业包括衣食住行、吃喝玩乐购等一切为居民提供消费的场所。吸引顾客、促进消费、拉动内需,是所有商家的主要目标。和睦社区项目可容纳社区周边各个商业店铺入驻到平台上来,成为输送社区居民消费渠道的终端,使居民更加方便快捷地进行消费。同时,社区拼团、无人超市、新零售等新型社区模式也能同时兼容。通过农创品牌运营股份有限公司的"一乡一品"项目,将乡镇农特产品输送到城市社区中来,使新鲜健康无公害的瓜果蔬菜能够第一时间送到社区居民的家中。由此,通过不同行业的集中整合,可以打造出一条稳固的产业链条以及紧密型的社区商圈。

通过大数据的技术支持和品牌产品入驻社区、物源码销售、品牌产品分享销售同步等业务,可以打通品牌产品的销售渠道,把企业的产品推送到消费者的移动终端,可以通过社区服务体系把品牌产品置入社区销售,也可以通过物源码让消费者看到产品的品质扫码连接消费。

附录　媒体报道

在解决以上问题的同时，社区居民通过社区内外的日常消费，还可以从消费福利保障系统中获得相应的福利保障，解决自身的生存、医疗、养老等刚需问题。这将是未来社区发展的主要方向。

据悉，和睦社区项目推行半年多来，已帮助千余位社区居民解决了就业难题。在未来几年，他们的目标是在全国建立省级公司31个、市级公司334个，以及8万多个社区服务站，为更多的社区居民提供贴心服务。

大事做于细，伟业始于先。目前，社会已进入现代化信息化时代，如何建设和睦社区，培养社区居民归属感幸福感，消除孤独感无助感，并带来社会安全感，是和睦社区网络科技股份有限公司从始到终、坚持不懈的追求。希望和睦社区建设的这一新范本，能在神州大地上广泛复制！

（2019年3月14日）

后 记

《探寻新时代社会公共福利支撑点》一书是北京互生经济学研究院课题研究办公室继《县域经济可持续发展十二解》《社区物业管理升级与服务业个性融合发展新路径》出版之后的又一重要的阶段性研究成果。参加本书编写的北京互生经济学研究院社会公共福利课题组,在前两个专项课题研究实践的基础上,进一步搜集相关资料,不间断地进行学习与实践,旨为能够基于"互生经济学"理论体系找到解决方案并构筑起新时代社会公共福利的支撑体系,为百姓谋福,为企业解难,为国家分忧。

为了能够探准建立符合新时代中国国情的社会公共福利支撑点,

后 记

这本《探寻新时代社会公共福利支撑点》参照了《中华人民共和国国民经济和社会发展第十三个五年规划纲要》《中共中央国务院关于打赢脱贫攻坚战的决定》《关于深入开展消费扶贫助力打赢脱贫攻坚战的指导意见》《中共中央国务院关于加强和完善城乡社区治理的意见》《国务院关于发挥品牌引领作用推动供需结构升级的意见》《"十三五"推进基本公共服务均等化规划》等文件，力求使新时代社会公共福利支撑体系的实施方案和模式应用能够充分体现上述文件精神。

值得一提的是，农创品牌运营股份有限公司以《县域经济可持续发展十二解》为指导，推出了"一乡一品品牌运营商项目计划"；和睦社区网络科技股份有限公司以《社区物业管理升级与服务业个性融合发展新路径》为指导，推出了"社区物业管理升级与服务业个性融合发展"项目；正道品牌运营股份有限公司以互生理论体系为指导，推出了品牌产品直供渠道；等等。这些项目和相关解决方案，都是以国家分享经济实施平台大数据为技术支持，以消费积分福利保障为模式推出并实施的非常具有可操作性的解决方案。各项目和相关解决方案相联相生，相互补充，合力共振，借助消费福利卡的普及使用，最终形成了全民的消费福利保障新的支撑体系。

探寻新时代社会公共福利**支撑点**

另外，我们还把公开发表在《中国改革报》上的《为和睦社区建设提供新范本》《农创品牌成为乡村振兴新抓手》等报道作为附录，因为这些报道都是我们探寻社会公共福利支撑点的相关解决办法在市场应用上获得的成果，得到了社会的认可。消费福利保障体系的建立不仅有理论指导，有解决办法，而且还有已经实现并具有公信力的市场成果。

参与编写本书的课题组人员为《探寻新时代社会公共福利支撑点》问世殚精竭虑，做出了很大努力，当然，错漏也在所难免。真诚地欢迎读者、同行和有关专家指出不足，以使我们不断改进提高，努力做得更好。

北京互生经济学研究院

课题研究办公室社会公共福利课题组

2019年4月7日